ABITUR-WISSEN
POLITIK

Thomas Goll

Internationale Beziehungen

STARK

www.stark-verlag.de
1. Auflage 2011

Inhalt

Autor: Prof. Dr. Thomas Goll

Vorwort

Liebe Schülerinnen und Schüler,

„früher“ war alles einfacher. Gerade einmal eine Generation ist es her, dass die Welt feinsäuberlich geteilt war in Ost und West, geführt von den **Supermächten UdSSR und USA**, deren Verhalten vorhersehbar schien. Seit Anfang der 1990er-Jahre ist nun aber alles anders, verwirrender. Nicht nur ist das sowjetische Imperium kollabiert und hat viele neue staatliche und nichtstaatliche Akteure auf die Weltbühne treten lassen. Nicht nur ist eines der beiden klassischen **Militärbündnisse**, der Warschauer Pakt, zerfallen, sondern auch das andere, die NATO, muss neue Aufgaben und Herausforderungen bewältigen. Nicht nur haben die Staaten Westeuropas ihre Zusammenarbeit vertieft und nach Südosten erweitert, sondern die **EU** hat auch eine Größe erreicht, die eine gleiche Geschwindigkeit aller Mitglieder bei weiteren Integrationsbemühungen nicht mehr zuzulassen scheint. Nicht nur ist **Deutschland** wiedervereinigt und endgültig souverän geworden, sondern muss auch mit den Herausforderungen zunehmender regionaler und globaler Interdependenzen zurechtkommen und sich neu als internationaler Akteur positionieren.

Alles in allem: Die Welt der Internationalen Beziehungen erschließt sich nicht ohne Weiteres, sie scheint unüberschaubar. Der vorliegende Band möchte Ihnen helfen, den „Dschungel“ der Internationalen Beziehungen zu lichten. Dazu werden systematisch **Theorieansätze** sowie konkrete **Entwicklungen**, **Strukturen** und **Prozesse** auf diesem Feld vorgestellt. Berücksichtigt werden darüber hinaus **Akteure** und **Instrumente** der auswärtigen Politik.

Unterstützt und begleitet wird die Darstellung von aktuellen Beispielen, Übersichtsgrafiken, Bildern und Karikaturen. Diese erleichtern Ihnen die gezielte Vorbereitung auf den Unterricht, die Klausuren und das Abitur.

Prof. Dr. Thomas Goll

Einführung – worum es geht

Vor der systematischen Darstellung soll an einem konkreten Beispiel für einen internationalen politischen Vorgang gezeigt werden, worum es im vorliegenden Abitur-Wissen Internationale Beziehungen geht.

Ab dem 21. 11. 2013 kam es auf dem zentralen Platz der ukrainischen Hauptstadt Kiew, dem **Maidan**, zu Protesten gegen die Regierung, als der damalige Staatspräsident, Viktor Janukowitsch, ankündigte, das im März 2013 ausgehandelte Assoziierungsabkommen mit der EU nicht zu unterzeichnen. Bei Demonstrationen für die **Westorientierung der Ukraine** („Euromaidan") mit bis zu 500 000 Teilnehmern gab es im Rahmen von Polizeieinsätzen auf beiden Seiten viele Verletzte und Tote; insbesondere am 18. 2. 2014 kam es zu einer Eskalation. Unmittelbar darauf begab sich Janukowitsch ins russische Exil. Wegen seiner Flucht wurde er am 22. 2. 2014 vom Parlament abgesetzt; ein Übergangspräsident und eine Übergangsregierung wurden ernannt, die von der EU auch anerkannt wurden.

Nachdem das Parlament nationalistische Gesetze verabschiedet hatte – darunter die Abschaffung regionaler Amtssprachen wie des Russischen, welche jedoch aufgrund eines Vetos des Übergangspräsidenten gar nicht in Kraft trat –, begannen Unruhen in der russischstämmigen Bevölkerung auf der **Krim**. Kurze Zeit später wurde von russischen Truppen auf der Krim berichtet, die dort einen verdeckten Machtwechsel flankierten.

Das Parlament der Autonomen Republik Krim erklärte am 11. 3. 2014 die Unabhängigkeit von der Ukraine. Am 16. 3. 2014 wurde – von russischen Soldaten überwacht – ein Referendum über den Status der Krim durchgeführt und wenige Tage später der Beitritt zur Russischen Föderation beantragt.

Die USA, die EU und weitere westliche Staaten sahen in der anschließenden Aufnahme der Krim in die Russische Föderation eine Annexion und damit einen Bruch des Völkerrechts. Sie verhängten Sanktionen gegen Russland, die seitdem ständig verschärft wurden, weil auch in der Ostukraine Separatisten von Russland unterstützt werden. Hier schwelt seit 2014 ein Bürgerkrieg, der immer wieder aufflammt. Nur vorübergehend gelang es bisher, einen Waffenstillstand zu vereinbaren.

Der Anschluss der Krim an Russland rief neben militärischen und diplomatischen Aktivitäten der unmittelbar Beteiligten eine Flut weiterer Interventionen und Stellungnahmen hervor. Zahlreiche staatliche und nichtstaatliche Akteure, wie die NATO, die OSZE, die G7 und die Medien in den einzelnen Ländern, positionierten sich. Nicht von ungefähr wird hier von einem neuen Kalten Krieg gesprochen.

Der Fall, so verwirrend er auf den ersten Blick aufgrund der vielfältigen Beteiligten und Aktivitäten ist, kann auf unterschiedliche Art und Weise analysiert werden. Zunächst kann man nach den beteiligten **Akteuren** fragen, nach deren **Interessen** und den **Strukturen**, in denen sie sich bewegen, sowie nach den **Prozessen**, an denen sie beteiligt sind. Die Analyse folgt dabei in der Regel bestimmten Vorstellungen davon, wie Politik gemacht wird und um was es bei ihr geht. So ist es z. B. ein gewaltiger Unterschied, ob man die Vorgänge in der Ukraine als einen klassischen Fall reiner und unverhüllter **Machtpolitik** interpretiert oder ihn in den Kontext einer auf **Zusammenarbeit** gegründeten Weltgemeinschaft stellt:

- Nach der ersten Vorstellung sieht Russland seine Interessen – etwa seine Wirtschafts- und Sicherheitsinteressen – in der Ukraine verletzt und greift massiv in den Konflikt ein. Der Starke setzt sich durch und er versteht auch nur die Sprache der Stärke. In der Konsequenz sind kleinere Staaten den mächtigen hilflos ausgeliefert, es sei denn, es gelingt ihnen, sich zusammenzuschließen oder mächtige Bündnispartner zu gewinnen. Allerdings verfolgen auch diese Partner, im Falle der Ukraine etwa die EU, die USA und die NATO, eigene Interessen, z. B. den Zugang zu den Ölquellen der Region oder die Sicherung eines prowestlichen Einflussbereichs im „Vorhof“ Russlands. Gibt es solche Interessen nicht oder sind zu große wirtschaftliche oder militärische Gefährdungen als Folgen einer Konfrontation absehbar, werden sich diese Länder nicht einmischen, sondern höchstens ihr Missfallen verbal kundtun, wie es das internationale Verhalten im Falle Tibets zeigt.

- Nach der zweiten Vorstellung sind Konflikte durch reine Machtausübung nur zu unterdrücken, nicht jedoch zu lösen. Erst wenn die Beteiligten über andauernde Kooperation – durch zivilgesellschaftliche Kontakte auch auf der nicht staatlichen Ebene – Vertrauen aufgebaut haben, werden sie bereit sein, auf Konfrontation zu verzichten. Manche „Erbfeindschaften" lösen sich dann in Luft auf und werden zu „Freundschaften", so etwa im Fall des deutsch-französischen Verhältnisses. Voraussetzung ist, dass man auch bei Spannungen miteinander im Gespräch bleibt und einzelne Staaten nicht isoliert. Diese werden durch Isolation nur radikalisiert und wenden sich anderen möglichen Partnern zu, wie z. B. Russland zunehmend den BRIC-Staaten und ganz besonders China. Der Westen muss also mit Russland im Gespräch bleiben, um es von der Gewaltpolitik abzubringen und vernünftige Kompromisse zwischen den Bevölkerungsgruppen im Osten der Ukraine mitzutragen oder sogar zu vermitteln. Nur eine Befriedung der Region sichert darüber hinaus den freien und risikolosen Zugang zu den Ressourcen des Kaukasus, was wiederum allen Beteiligten hilft: Mit dem Frieden zieht dann auch Wohlstand ein.

Welche Sicht sich durchsetzt, hängt von der Art der Konfrontation und den Vorerfahrungen derjenigen ab, die den Konflikt interpretieren: Es ist kein Wunder, dass besonders die neuen mittelosteuropäischen EU- und NATO-Länder v. a. auf die Option setzen, die Ukraine möglichst schnell an die EU zu binden und ggf. in die NATO zu holen, um sie zu schützen. Die baltischen Staaten interpretierten das russische Vorgehen in Licht eigener Erfahrungen mit der Sowjetunion als annexionistisch. Selbst in Schweden und Finnland wurden Stimmen laut, die forderten, zum Schutz vor Russland der NATO beizutreten. Andere sehen das Vorgehen Russlands als zweckrational an: Großmächte kann man nicht von ihren Interessen abbringen, man kann sie aber in gemeinsame Projekte einbinden. Zugleich akzeptiert diese Sichtweise, dass die ukrainische Politik einer forcierten Westbindung auch kritisch gesehen werden kann. Erstens ist sie im Land selbst umstritten; zweitens haben NATO und EU ihre lange Zeit bestehende implizite Respektierung einer russischen Interessenzone zugunsten eigener Machtentfaltung aufgegeben. Die mehr oder weniger starke Unterstützung der prowestlichen ukrainischen Übergangsregierung und das Hinwegsehen über nationalistische Gruppierungen in der Maidanbewegung haben die Reaktion Russlands mit provoziert und begründen auch das Anhalten des ostukrainischen Bürgerkriegs. Erfolg verspricht in diesem Kontext nur das Berücksichtigen der vitalen Interessen Russlands und seine Einbindung in die weiteren Entscheidungen.

Das Beispiel verdeutlicht, dass die **internationalen Beziehungen** ein faszinierendes Thema sind, das Menschen und Kulturen weltweit betrifft. International bedeutsame Vorgänge können dabei auf ganz **unterschiedlichen Ebenen** betrachtet werden: auf der Ebene des individuellen, des einzelstaatlichen, des zwischenstaatlichen oder des globalen Handelns. Die dabei in den Blick genommenen **Prozesse** sind vielfältig: z. B. Diplomatie und Krieg, Handelsbeziehungen und Militärbündnisse, kultureller Austausch und Mitarbeit in internationalen Organisationen. Die internationalen Beziehungen sind mehr als die Summe der Außenpolitiken der Staatenwelt. Sie sind das Geflecht, das (nicht-)staatliche Akteure auf der internationalen Ebene miteinander verbindet und in dem unterschiedliche Prozesse ablaufen, um den bestehenden Herausforderungen und Problemfeldern zu begegnen. Um überhaupt interpretierbar zu sein, muss die Komplexität der Realität zurückgeführt werden auf idealtypische Sichtweisen der Strukturen und Prozesse, in denen die unterschiedlichen Akteure in Beziehung miteinander treten. Diese Sichtweisen nennt man **Theorieansätze** der internationalen Beziehungen.

Analyseebenen und Großtheorien – warum sie wichtig sind

Die Großtheorien der internationalen Beziehungen haben einen je eigenen **Ansatz** und damit auch einen eigenen **Erkenntnisschwerpunkt**. Sie bewegen sich dabei aber alle auf den folgenden unterschiedlichen **Analyseebenen:**

internationale Ebene
(z. B. Bündnisse, internationales Recht, Zwischenregierungsorganisationen, Multinationale Organisationen)

staatliche Ebene
(z. B. Regierung, Wirtschaft, Interessenverbände, nationales Interesse)

Individualebene
(z. B. Persönlichkeit, Wahrnehmung, Aktivitäten, Entscheidungen)

Analyseebenen der internationalen Beziehungen

Diese Analyseebenen kann man weiter differenzieren, z. B. durch die Unterscheidung von globaler und zwischenstaatlicher Ebene, dann würde die Darstellung aber schnell unübersichtlich. Die zentrale Unterscheidung für die Erklärung internationaler Beziehungen ist die zwischen der internationalen und der innerstaatlichen Ebene (vgl. in der Abbildung die dickere, blaue Linie). Auf diese Ebenen bezieht sich das Handeln von Individuen (z. B. Politiker, Wirtschaftsführer). Daher werden im Folgenden die internationale, die staatliche und die Individualebene unterschieden. Den Nutzen dieser Unterscheidung kann ein Blick auf die Ukrainekrise ab 2013 verdeutlichen:

Individualebene

- Der russische Präsident Wladimir Putin sieht sich in der Tradition der russischen Zaren und will die Schmach des „Niedergangs“ russischer Macht Ende des 20. Jahrhunderts ausbügeln.
- Putin ist als ehemaliger Geheimdienstmann grundmisstrauisch und betreibt Politik mithilfe von Geheimoperationen.
- Den zentralen Politikern der Ukraine geht es nur um persönliche Bereicherung (Oligarchen), nicht um die Interessen des ukrainischen Volkes.

staatliche Ebene

- Russland sieht seine Sicherheitsinteressen durch vom Westen gesteuerte Regierungsbildungen in seinen Nachbarstaaten und die Einbindung dieser Staaten in die NATO gefährdet.
- Russland sieht seine nationalen Wirtschaftsinteressen durch das Vorrücken der EU an die Außengrenzen Russlands gefährdet, da der wirtschaftliche Austausch in einer ursprünglich zusammenhängenden Wirtschaftsregion behindert wird.
- Russland will die Interessen der russisch-stämmigen Bevölkerung in der Ukraine vertreten, die mehrheitlich im Osten des Landes und auf der Krim leben.
- Russland will eine direkte Intervention des Westens in der Ukraine oder die Lieferung schwerer Waffen dorthin durch wirtschaftliche (Gaslieferungen) und militärische (Unterstützung der Separatisten) Maßnahmen unterbinden.

internationale Ebene

- Ein unipolares Mächtesystem muss auf wahrgenommene Bedrohungen reagieren, sonst wird es instabil.
- Im System der internationalen Mächte wird ein Staat nur „ernst genommen", wenn er in der Lage ist, seine Interessen durchzusetzen.

Mögliche Erklärungen für den Einsatz russischer Truppen in der Ukraine 2014

Bei der Analyse politischer Ereignisse geht es zunächst nicht darum, welche politischen Erklärungsansätze man selbst für richtig oder falsch hält. Das ist eine Frage politischer Einstellungen und Vorerfahrungen und damit normativ. Man kann in einer Urteilssituation auch häufig nicht sagen, ob Erklärungsansätze richtig sind. Das ist oft erst lange nach dem Ereignis und ggf. sogar nur durch dieses nachweisbar, wie sich z. B. im öffentlichen Bekenntnis des russischen Staatspräsidenten Putin zeigt, russische Truppen auf der Krim eingesetzt zu haben. Auf dieser Basis kann man dann nach den Motiven fragen, die evtl. auf einer anderen Analyseebene zu finden sind. Erst die Betrachtung der unterschiedlichen Ebenen liefert also umfassende **Erklärungen für politisches Handeln**, die es gegeneinander abzuwägen gilt. Dazu muss man aber zunächst auf allen Ebenen Erklärungsansätze suchen, ohne vorschnell zu urteilen. Selbst wenn sich einer der Gründe als falsch herausstellt, können andere Aspekte des eigenen politischen Urteils richtig sein und plausible Gründe für die politische Entscheidung liefern.

Diese Fähigkeit zur nüchternen Analyse reicht über die Einbeziehung verschiedener Analyseebenen hinaus. Sie bezieht auch die Tatsache mit ein, dass die Analyse der internationalen Beziehungen in unterschiedlichen Denkschulen eine je andere Akzentuierung erfährt. Man muss sich also mit diesen **Denkschulen** vertraut machen, um wie mit einer Spezialbrille einen besonderen Fokus auf die Sache zu erhalten. So gibt es Theorien, die ihren Fokus vor allem auf Macht und Interessen richten **(realistische Ansätze)**, solche, denen es um den Blick auf Kooperation und Wohlfahrt geht **(liberale Ansätze)**, solche wiederum, die vor allem wirtschaftliche Abhängigkeiten in den Mittelpunkt stellen **(marxistische Ansätze)**, und solche, die sich mit Identitäten und Normen beschäftigen **(konstruktivistische Ansätze)**. Alle dienen der Erklärung der Wirklichkeit, indem sie diese ordnen. Dazu werden gezielt und kontrolliert Elemente aus der Wirklichkeit ausgewählt.

Theorien sind also Instrumente, sie dürfen nicht mit der Wirklichkeit selbst verwechselt werden. Um diese Falle von vornherein zu umgehen, sollte man sich mit mehreren Theorien vertraut machen. Allerdings ist die Politikwissenschaft so weit ausdifferenziert, dass auch der Fachmann nicht mehr alle Zweige der Diskussion überblicken kann. Daher werden hier nur ausgewählte und wirkmächtige Theorieansätze behandelt, wobei die Darstellung die Grundannahmen der jeweiligen Denkschulen hervorhebt.

1 Realistische Ansätze

Der **Realismus** bzw. die unterschiedlichen realistischen Ansätze stellen wohl die älteste Perspektive zur Reflexion der internationalen Beziehungen dar. Aus der jahrhundertelangen Betrachtung der politischen Vorgänge zwischen Städten, Staaten und Völkern schließen die Vertreter realistischen Denkens, dass der **Mensch von Natur aus ein egoistisches und machtbesessenes Wesen** und zu allem fähig und bereit ist. Dies verdeutlicht zugleich, dass der Realismus als Theorieansatz dem Machtge- und -missbrauch keineswegs unkritisch gegenübersteht. Er weiß um deren zerstörerische Möglichkeiten.

Die Übertragung dieses Urteils vom Menschen auf den Staat ist möglich, weil Menschen in Staaten organisiert sind. Diese Staaten wiederum handeln als einheitliche Akteure, um ihre nationalen Interessen durchzusetzen. Dabei vollziehen sie ihre Handlungen in einem System **internationaler Anarchie**, in dem es keine übergeordnete Instanz gibt, die für Frieden und Sicherheit sorgen könnte. Daher sind die Staaten auf **Selbsthilfe** angewiesen, um sich selbst zu schützen. Um das System stabil zu halten und die eigene Unabhängigkeit zu wahren, ist ein Gleichgewicht zwischen den Staaten **(„balance of power")** herzustellen, sodass **Macht** durch **Gegenmacht** kontrolliert wird. Das Ganze geschieht auf rationale Art und Weise. Nationale Interessen sind formulier- und damit verfolgbar. In der Anerkennung, dass auch andere Staaten legitime nationale Interessen haben, liegt zugleich eine Begrenzung absoluter Machtpolitik. Macht wiederum ist ein Konstrukt, das sich sowohl aus

„harten“ Faktoren speist (z. B. geografische Lage, natürliche Ressourcen, militärisches Potenzial, Industriekapazität, Bevölkerungsstruktur), als auch auf politischen Rahmenbedingungen beruht (z. B. innerer Zusammenhalt der Nation, politische Reife der Bevölkerung, Qualität der Regierung und Diplomatie, „Nationalcharakter“).

Wichtige Vertreter des Realismus

Thukydides (ca. 460–396 v. Chr.): antiker Historiker; Hauptwerk: „Geschichte des Peloponnesischen Kriegs“; begründet die Unterscheidung von Anlass und Ursache bei der Analyse der Entstehung von Kriegen am Beispiel des Peloponnesischen Krieges (431–404 v. Chr.) zwischen den Großmächten Athen (Seemacht) und Sparta (Landmacht); berühmt ist der Melierdialog, in dem die Athener die Position vertreten, dass bei ungleicher Machtverteilung das Recht des Stärkeren gelte, dem sich der Schwächere zu beugen habe, wolle er überleben.

Niccolò Machiavelli (1469–1527): aus Florenz stammender Politiker, Diplomat, Philosoph, Geschichtsschreiber und Dichter der Renaissance; Hauptwerke: „Il Principe“ (1531; dt.: „Der Fürst“), „Discorsi“ (1532); gilt fälschlicherweise als Vertreter rücksichtsloser Machtpolitik unter Ausnutzung aller Mittel: „Ihr müsst euch nämlich darüber im Klaren sein, dass es zweierlei Arten der Auseinandersetzungen gibt: die mithilfe des Rechts und die mit Gewalt. Die erstere entspricht dem Menschen, die letztere den Tieren. Da die erste oft nicht zum Ziele führt, ist es nötig, zur zweiten zu greifen.“

Thomas Hobbes (1588–1679): englischer Mathematiker, Staatstheoretiker und Philosoph der Frühen Neuzeit; Hauptwerk: „Leviathan“ (1651), in dem u. a. der fiktive Naturzustand als Krieg aller gegen alle beschrieben und der Mensch als ein Wolf für den Menschen bezeichnet wird; die Überwindung dieses Naturzustands ist der Gesellschaftsvertrag als Unterwerfungsvertrag.

Hans Joachim Morgenthau (1904–1980): aus Deutschland emigrierter amerikanischer Politikwissenschaftler und Völkerrechtler; Hauptwerk: „Politics Among Nations. The Struggle for Power and Peace“ (1948; dt.: „Macht und Frieden. Grundlegung einer Theorie der internationalen Politik“); gilt als Begründer der Theorie des Realismus in den Internationalen Beziehungen (Kurzfassung: „6 Punkte des klassischen Realismus“).

Kenneth Neal Waltz (1924–2013): US-amerikanischer Politikwissenschaftler, Begründer des Neorealismus; Hauptwerke: „Theory of International Politics“ (1979), „Realism and International Politics“ (2008): „You have to do it on your own; you can’t count on someone else. Maybe he does it, maybe he doesn’t …“

Gegenüber dem **klassischen Realismus**, der vor allem auf Macht und die Sicht der einzelnen Staaten ausgerichtet war, ist der **Neorealismus** (struktureller Realismus) auf die Struktur des internationalen Systems bezogen. Nicht Macht und Streben nach Macht sind das erklärende Moment, sondern das **Sicherheitsstreben** der Systemeinheiten, also der Staaten. Die Staaten handeln strukturell gleich und stecken dabei in einem **Sicherheitsdilemma**. Das System zwingt sie dazu, nach Macht zu streben, um sich zu sichern. Weil das aber für alle Staaten gilt, wird die Welt dadurch nicht sicherer. Dies kann mithilfe der Spieltheorie ausgedrückt werden, die eine Analyse von Entscheidungssituationen ermöglicht, an denen rationale Akteure beteiligt sind. Dazu werden die Handlungsoptionen und deren Ergebnisse in eine Matrix eingetragen und mit einem jeweiligen Wert aufsteigend von 1–4 versehen. Vier entspricht dabei dem größten Nutzen. In Klammern ist immer zuerst der Wert für Staat A angegeben, dann der Wert für Staat B.

	Staat A		
Staat B	*Ziel: möglichst große Sicherheit für den eigenen Staat*	**Status quo**	**Machtgewinn**
	Status quo	Stabilität (4;4) (Bsp. Entspannungspolitik)	Machtgewinn A (3;1)
	Machtgewinn	Machtgewinn B (1;3)	Machtkonkurrenz (2;2) (Bsp.: Kalter Krieg)

Sicherheitsdilemma

Die Wahrung des Status quo auf beiden Seiten und die Machtkonkurrenz sind Gleichgewichtszustände. Allerdings ist die Machtkonkurrenz teurer (Rüstungsausgaben u. a.) und riskanter (Kriegsgefahr u. a.) und deshalb „weniger wert". Keine Option ist für beide Staaten der einseitige Machtgewinn des jeweils anderen Staates, der die eigene relative Position schwächen würde.

Welche Politik nun ein Staat tatsächlich verfolgt, hängt davon ab, welches Risiko seine Regierung einzugehen bereit ist und wie sie die Politik des anderen Staates einschätzt. Das Ganze ist aber rational gedacht. Fehlt es an dieser **Rationalität**, dann muss es zu Fehlschlüssen kommen. So lag der britischen Appeasement-Politik der 1930er-Jahre gegenüber NS-Deutschland der Fehlschluss zugrunde, dass es bei der deutschen Außenpolitik lediglich um traditionelle Großmachtpolitik und keineswegs um die Vorbereitung eines ideologischen Vernichtungskriegs gehe. Erst 1939 wurde die britische Politik geändert und Großbritannien versuchte über Bündnisstrukturen, Deutschland Einhalt zu gebieten. Das Deutsche Reich wiederum verbündete sich auf Kosten Polens mit der Sowjetunion, um einen Zweifrontenkrieg zu vermeiden und Zeit zu gewinnen. Der Krieg aber war nicht zu verhindern, weil er bewusst herbeigeführt wurde. Das System der internationalen Beziehungen ist somit eine Abfolge unterschiedlicher Gleichgewichtszustände.

Nicht nur das rationale Kalkül „großer Staatsmänner" sorgt damit für das **Machtgleichgewicht** im anarchischen internationalen System, sondern auch die Mitspieler – sofern sie rational handeln und nicht auf die Sprengung des Systems aus sind („Weltherrschaft") – und damit das System selbst stellen permanent Gleichgewichtsstrukturen her. Diese garantieren allerdings nicht automatisch Stabilität, d. h., kein Systemzustand bleibt auf Dauer stabil – und auch ein noch so gestörtes Gleichgewicht pendelt sich wieder ein. Eine Hegemonialmacht wird deshalb aus verschiedenen Gründen ihre Vormachtstellung verlieren (Hegemoniezyklus): aufgrund ihrer Unfähigkeit, das eigene Imperium auf Dauer zu sichern (Überdehnung), der Tendenz, auf Dauer mehr zu konsumieren als zu erwirtschaften und schließlich durch den technologischen Wandel und die Verbreitung neuer technischer Möglichkeiten, was unabdinglich zu einem ständigen Anpassungsdruck auf den Hegemonen führt. Zeiten relativer Ordnung und Stabilität wechseln sich mit Zeiten rapiden Wandels und großer Instabilität ab (z. B. Kalter Krieg und Zusammenbruch des sowjetischen Imperiums). Das System selbst ist nicht veränderbar.

Aus (neo-)realistischer Sicht können auch **internationale Organisationen** daran nichts ändern, da sie keine eigenständigen Akteure sind, sondern Instrumente ihrer Mitglieder. Wenn sich diese weigern, etwas zu unternehmen, ist die Institution als Ganzes gelähmt. Wenn internationale Organisationen dennoch bei der Friedenssicherung helfen, dann weil das den Interessen ihrer Mitglieder entspricht. Der Gewinn liegt dabei immer aufseiten der Staaten, nicht aber bei einer internationalen Gemeinschaft.

Realistische Theorien gehen insbesondere von Macht und Interessen als Triebfedern des Handelns aus. In den Internationalen Beziehungen gehen sie von Staaten als Grundeinheiten aus, die einen einheitlichen Akteur darstellen. Hier setzt auch die **Kritik** an realistischen Ansätzen an: Nach Ansicht der Kritiker sind Staaten weder monolithische Blöcke, noch ist von vornherein klar, wie ihre Interessen definiert und gewichtet werden. Macht wiederum ist kein Selbstzweck, sondern ein Instrument der Politik.

Kategorien	Inhalte
wesentliche Akteure	Staaten, internationales System
Menschenbild	egoistisch, auf Macht aus, kämpferisch
Staatenbild	auf Macht fixiert, einheitlicher Akteur, folgt allein nationalen Interessen
Sicht auf das internationale System	Anarchie, Stabilität nur über Mächtegleichgewicht
Bedingungen für Frieden und Kooperation	Machtkonzentration, Fähigkeit zur Verteidigung
Prozesse und Handlungen in den internationalen Beziehungen	Machtkonkurrenz, Sicherheitsdilemma, Bündnispolitik, Herstellen eines Machtgleichgewichts
Vorstellungen über Veränderbarkeit des internationalen Systems	kaum veränderbar und wenn, dann nur langsam
wesentliche Theoretiker	Thukydides, Machiavelli, Hobbes, Morgenthau, Waltz u. a.

Realistische Grundannahmen: Realismus/Neorealismus

2 Liberale Ansätze

Der **Liberalismus** steht in ständiger „Konkurrenz" zum Realismus (von manchen wird er daher auch, durchaus abwertend, als **Idealismus** bezeichnet). Der Liberalismus geht davon aus, dass **der Mensch von Natur aus gut und vernünftig** ist und dass Menschen in der Lage sind, die Gesellschaft und deren materielle Grundlagen auf der Basis moralischen Handelns zu verbessern. Wenn etwas schlecht läuft, dann wegen der Umstände und aufgrund von Missverständnissen. Die Umstände können in ungerechten und unangemessenen Institutionen (z. B. Korruption und Ausbeutung) bestehen, die Missverständnisse auf einem Mangel an Kommunikation und Vertrauen beruhen. Zwar kann man nach der Theorie des Liberalismus nicht alle Probleme der Welt auf einmal lösen, aber man kann die Welt durch Reformen und gemeinsames Handeln schrittweise verbessern. Die beste Gewähr, Missstände wie Krieg und Hunger auf Dauer zu beseitigen und damit Frieden und Wohlstand für alle auf der Welt zu schaffen, ist, die Freiheit des Individuums zu sichern. Diese wiederum drückt sich am besten in **Demokratie** als Staats- und **Marktwirtschaft** als Wirtschaftsordnung aus.

Wichtige Vertreter des Liberalismus

Immanuel Kant (1724–1804): deutscher Philosoph der Aufklärung und einer der bedeutendsten Philosophen des Abendlandes; für internationale Beziehungen wichtiges politisches Werk: „Zum ewigen Frieden. Ein philosophischer Entwurf" (1795).

Karl Wolfgang Deutsch (1912–1992): amerikanischer Politikwissenschaftler deutsch-tschechischer Abstammung; Mitbegründer der Integrationstheorie und der Theorie der Sicherheitsgemeinschaften; Hauptwerk zu den internationalen Beziehungen: „The Analysis of International Relations" (1968; dt.: „Die Analyse internationaler Beziehungen. Konzeption und Probleme der Friedensforschung").

Joseph Samuel Nye, jr. (* 1937): US-amerikanischer Politikwissenschaftler, Begründer des neoliberalen Institutionalismus (Interdependenztheorie); Hauptwerke: „Power and Interdependence: World Politics in Transition (1977; zusammen mit Robert Owen Keohane), „Understanding International Conflicts: An Introduction to Theory and History" (2002), „Soft Power: The Means to Success in World Politics" (2004); Berater der US-Regierung und ehemaliger Mitarbeiter im US-Außenministerium, stellvertretender Verteidigungsminister der Regierung Clinton.

Robert Owen Keohane (* 1941): US-amerikanischer Politikwissenschaftler, Begründer des neoliberalen Institutionalismus (Interdependenztheorie); Hauptwerk: „Power and Interdependence: World Politics in Transition (1977), „After Hegemony: Cooperation and Discord in the World Political Economy" (1984), „Power and Governance in a Partially Globalized World" (2002).

Wenn Menschen frei sind und miteinander frei handeln können, dann bilden sich zwischen ihnen Abhängigkeiten und Vertrauen. Egoismus und Eigeninteresse sind aus dieser Sicht heraus nichts Schlechtes, sondern sogar vernünftige Voraussetzungen für dauerhafte Kooperationen. Und wer dauerhaft miteinander Handel treibt, der kann durch Kriege nur verlieren. Je intensiver die Beziehungen zwischen den Akteuren im internationalen System sind, desto sicherer ist es. Man kann von einem Spinngewebe von Assoziationen und Individuen sprechen. Die internationalen Organisationen stellen dabei die Hauptfäden zwischen den Staaten dar. Der Schwerpunkt der Beziehungen liegt auf den Aspekten Wirtschaftskooperation und kollektive Sicherheit.

Das Friedenssymbol „Knotted Gun" vor dem UN-Hauptquartier in New York

Die Hoffnung, mit der Gründung zunächst des Völkerbunds und dann der UN sowie einer Fülle weiterer internationaler Organisationen dem Weltfrieden quasi über die funktionalen Zwänge dieser Institutionen immer näher zu kommen, erwies sich jedoch als trügerisch.

In den 1970er-Jahren entstand daher der **neoliberale Institutionalismus**, der anders als der klassische Liberalismus weniger normativ geprägt ist und den Nutzen der Kooperation vor allem mit Egoismen erklärt. Dazu nutzt auch er die Spieltheorie, deren klassisches Gedankenexperiment das **Gefangenendilemma** ist: Zwei Gefangene, die gemeinsam ein Verbrechen begangen haben, werden getrennt voneinander verhört. Der Untersuchungsbeamte macht jedem der beiden das Angebot, als Kronzeuge auszusagen. In diesem Fall komme er frei, der andere werde zur Höchststrafe verurteilt. Das gelte aber nur, wenn der andere nicht aussage. Sollten beide aussagen, würde ihre Strafe jeweils leicht reduziert. Allerdings gilt auch, das sagt der Beamte sicher nicht, dass bei einer doppelten Aussageverweigerung beide mit einer geringen Strafe davonkämen, da ihnen nur eine andere Tat nachgewiesen werden kann. Ein schlauer Gefangener wird aber auch diese Möglichkeit einkalkulieren.

		Gefangener A	
Gefangener B	*Ziel: möglichst wenig Haft für sich selbst*	**Aussage**	**Schweigen**
	Aussage	geringe Haftminderung für beide (3;3)	B kommt frei, A erhält Höchststrafe (1;4)
	Schweigen	A kommt frei, B erhält Höchststrafe (4;1)	geringe Strafe für beide (2;2)

Gefangenendilemma

Wie entscheiden sich die Gefangenen? Sie haben jeder für sich die einmalige Gelegenheit freizukommen. Und sie wissen nicht, was der andere macht. Werden sie das Risiko eingehen und die Aussage verweigern? Bei einer einmaligen Situation werden wohl beide aussagen und damit für beide ein suboptimales Ergebnis produzieren. Wenn sich die Situation aber wiederholt und beide vorher geschwiegen haben, können sie nun erleben, dass **Kooperation** sinnvoller ist, als sich gegeneinander ausspielen zu lassen. Damit wird Kooperation geradezu vom Eigeninteresse der Beteiligten gefordert. Umgekehrt gilt jedoch auch: Wer ständig den Kürzeren zieht, wird nicht mehr kooperieren wollen.

Dieses Dilemma kann man auch auf zwei Felder der internationalen Kooperation übertragen: das **Freihandelsdilemma**, das dem Sicherheitsdilemma eng verwandt ist, und das **Dilemma der Gemeinschaftsgüter**.

		Staat A	
Staat B	*Ziel: möglichst großer Gewinn für die eigene Wirtschaft*	**Marktöffnung**	**Protektion**
	Marktöffnung	Freihandel (3;3)	Zusatzgewinn A (4;1)
	Protektion	Zusatzgewinn B (1;4)	Protektionismus (2;2)

Freihandelsdilemma

Ein Staat (oder eine Staatengruppe wie z. B. die EU) steht vor der Entscheidung, seine Märkte zu öffnen, da Freihandel für alle Seiten ertragreicher ist als Protektionismus. Allerdings ist noch mehr Gewinn für den Staat möglich, wenn alle anderen Staaten ihre Märkte öffnen, während der eigene Markt geschützt wird (z. B. durch Zölle, Handelshemmnisse, Subventionen). Unter diesen Bedingungen wird das System eher zum Protektionismus neigen und damit ineffektiver sein als möglich. Die Beurteilung erfolgt immer aus der Sicht eines Staates. Während die Gesamtwohlfahrt auf Freihandel aufbaut, kann es für den einzelnen Staat ertragreicher sein, seine Märkte zu schützen (Protektionismus). Nur dürfen das nicht alle so machen.

Ähnlich lässt sich das auch bei Gemeinschaftsgütern (z. B. Umweltschutz, Hochseefischfang, Nutzung der Arktis) darstellen:

		Staat A	
Staat B	*Ziel: möglichst effektive Nutzung der Gemeinschaftsgüter*	**Nachhaltigkeit**	**Ausbeutung**
	Nachhaltigkeit	Ressourcenschutz (3;3)	Zusatzgewinn A (4;1)
	Ausbeutung	Zusatzgewinn B (1;4)	Ressourcenvernichtung (2;2)

Dilemma der Gemeinschaftsgüter

Staaten können nun so kalkulieren, dass sie sich alle auf nachhaltige Nutzung verständigen, um die Ressourcen zu erhalten. Aber wenn mindestens ein Staat versucht, für sich das meiste herauszuholen, dann ist es schwer für einen einzelnen Staat, sich diesem Trend zum Nutzen der eigenen Wirtschaft zu verschließen (z. B. sinkende Wählergunst für Regierung). Am Ende vernichten die Staaten damit auf Dauer die Ressourcen, die sie eigentlich nutzen wollten. Das ist aber irrational bzw. ein Mangel an gemeinsamen Zielen. Wie beim Freihandelsdilemma können die Präferenzen der Akteure durchaus unterschiedlich sein. Entsprechend verändern sich die Ertragsrechnungen: Bringt es mehr zu kooperieren oder den Streit zu suchen? Die Kooperation wird danach eher konsensual oder konflikthaft herbeigeführt oder unterlassen.

Anders als beim klassischen Liberalismus ist es also keine höhere Moral, die Gutes tun lässt, sondern **Zweckrationalität**. Alle Beteiligten müssen etwas von der Kooperation haben. Damit sind zugleich die Grenzen beschrieben, an denen die **Kritik** ansetzt: Erstens ist der neoliberale Institutionalismus eine rationale Theorie, es gibt aber irrationales Handeln, das z. B. häufig religiösen und ethnischen Konflikten beigemischt ist. Zweitens setzt er immanent voraus, dass die Partner gleichberechtigt und ihr Wohlstandsniveau bzw. ihre Wirtschaftskraft nicht zu asymmetrisch sind. Profitiert einer der Beteiligten dauerhaft wesentlich weniger von der Kooperation als andere, wird er sich womöglich nach einer Alternative zur Kooperation umsehen oder sie erst gar nicht eingehen, was man z. B. am Ringen um den Klimaschutz zwischen den EU-Mitgliedstaaten und aufsteigenden Industriestaaten wie China sehen kann.

Dennoch kann der neoliberale Institutionalismus vor allem wachsende und sich verfestigende Kooperationsstrukturen beschreiben. In einer zunehmend enger verflochtenen Welt (vgl. die jüngste Bankenkrise) sind einzelne Staaten immer weniger in der Lage, die klassischen Staatsaufgaben autark und effizient zu bewältigen: So ist Nordkorea auf Hilfe von außen angewiesen, weil es seine Bevölkerung nicht hinreichend versorgen kann. Selbst die USA können trotz ihrer militärischen Machtmittel (einzig verbliebene „Supermacht“) nicht mehrere Konflikte/Kriege gleichzeitig ausfechten, sondern sind auf Koalitionen und Unterstützung angewiesen. Nicht die Militärmittel allein oder andere Machtressourcen sind entscheidend für die Problemlösefähigkeit eines Staates, sondern ob diese Kapazitäten sich zur Lösung der Probleme überhaupt eignen. Globale Probleme sind daher nicht lokal zu lösen, sondern erfordern zumindest in Teilbereichen Kooperationen. Dazu haben sich als Form der internationalen Zusammenarbeit neben internationalen Organisationen wie der UN auch internationale Regime herausgebildet, so z. B. die Klimaprotokolle (s. S. 112 ff.). Diese Vergemeinschaftung von Aufgaben steht jedoch erst am Anfang.

Der **Transnationalismus**, ein weiterer liberaler Ansatz, sieht eine neue Qualität in der Struktur der internationalen Beziehungen, die über die Fortschreibung der traditionellen Weltwirtschafts- und damit Staatenordnung hinausgeht. Die Bedeutung der Nationalstaaten nimmt ab, die der transnationalen Akteure zu. Insgesamt verliert der Nationalstaat an politischer Steuerungsfähigkeit. Öffentliche, private und zivilgesellschaftliche **Netzwerkstrukturen**, bestehend aus traditionellen Akteuren (z. B. Regierungen, internationale Organisationen), aber auch aus nicht-staatlichen Organisationen unterschiedlichsten Typs (z. B. transnationale Konzerne, Völkerrechtsgruppen), bestimmen in unterschiedlichster Zusammensetzung – als Akteure gleichen Typs oder „public-private partnerships“ nationaler, internationaler und transnationaler Akteure (s. S. 78 ff., 120) – die Struktur der internationalen Beziehungen.

Kategorien	Inhalte
wesentliche Akteure	Staaten, internationale und transnationale Regierungs- und Nichtregierungsorganisationen
Menschenbild	prinzipiell gut, fähig zur Zusammenarbeit, zweckrational
Staatenbild	eingebunden in Abhängigkeiten, vielfältige Interessen
Sicht auf das internationale System	Abhängigkeit zwischen den Akteuren, internationale Vergesellschaftung möglich bei anarchischem Grundzustand, transnationale Vernetzung
Bedingungen für Frieden und Kooperation	Interdependenz, Institutionen, Netzwerkverdichtung
Prozesse und Handlungen in den internationalen Beziehungen	Iteration, Kontrolle, Verhandlungen, Dichte und Symmetrie der transnationalen Verflechtung, Vergesellschaftung
Vorstellungen über Veränderbarkeit des internationalen Systems	möglich und herbeiführbar, „Zivilisierung" der Konflikte bzw. neue Qualität der internationalen Beziehungen schon erreicht
wesentliche Theoretiker	Kant, Keohane, Nye, Deutsch u. a.

Liberale Grundannahmen: Liberalismus/Institutionalismus/Regimetheorie/Transnationalismus

3 Marxistische Ansätze

Während (neo-)realistische und (neo-)liberale Theorieansätze den Fokus stärker auf die Handelnden und deren Politik richten, betrachten Ansätze wie die **Weltsystemtheorie** die internationalen Beziehungen stärker systemisch und wirtschaftsbezogen. Das heißt, im Mittelpunkt steht der globale Prozess, in dem sich die Logik des kapitalistischen Weltmarkts durchgesetzt hat. In den Blick gerät so auch die Problematik von Zentrum und Peripherie, was vor allem die strukturellen Asymmetrien deutlich herausstellt.

Der Theorieansatz ist eine Weiterentwicklung der **Dependenztheorie** und beruht auf neomarxistischen Grundüberlegungen – ein Vorläufer ist Lenins **Imperialismustheorie** – sowie auf einer Analyse der Weltwirtschaft von Beginn der europäischen Kolonisation bis in die Gegenwart der Globalisierung. Nicht der Gegensatz von Ideologien oder politischen Systemen strukturiert dabei das internationale System, sondern der Primat der kapitalistischen Weltwirtschaft. Ohne die Berücksichtigung dieser kapitalistischen Strukturen ist keine politische Konstellation in den internationalen Beziehungen erklärbar.

Wichtige Vertreter des Marxismus

Wladimir Iljitsch Uljanow, Kampfname Lenin (1870–1924): kommunistischer Politiker und Revolutionär, marxistischer Theoretiker; Begründer der KPdSU als Kaderpartei und der Sowjetunion; im Kontext der internationalen Beziehungen relevant wegen seiner Imperialismustheorie: „Der Imperialismus und die Spaltung des Sozialismus“ (1916), „Der Imperialismus als höchstes Stadium des Kapitalismus“ (1917).

Immanuel Maurice Wallerstein (* 1930): US-amerikanischer Soziologe, Afrikanist und Weltsystemtheoretiker; bedeutende Werke: „The Modern World-System“, 3 Bände (1974, 1980, 1989; dt. „Das moderne Weltsystem“), „World-Systems Analysis: An Introduction“ (2004).

Nach marxistischer Sicht ist die Welt dreischichtig und jede der Schichten weist spezifische Strukturen auf: Das deutlich privilegierte Zentrum bilden die Staaten mit hoher Wirtschaftskraft. Von diesen abhängig sind die armen Staaten der Peripherie, die vor allem mit Rohstoffen handeln. Dazwischen befinden sich die Staaten der Semiperipherie, die abhängig von den Staaten des Zentrums sind, zugleich aber Staaten der Peripherie dominieren können. Die Staaten des Zentrums leben im Wohlstand und haben meist eine demokratische Grundordnung, die der Peripherie sind gekennzeichnet durch Armut und große Instabilität. Die Staaten der Semiperipherie sind meist autoritär organisiert, weil sonst die Kluft zwischen Arm und Reich im Inneren destabilisierend wirken würde. Zugleich bilden diese Staaten eine Art Puffer zwischen Zentrum und Peripherie und sorgen so für die Stabilität des Weltsystems.

Zwischen den Schichten besteht eine **weltweite Arbeitsteilung:** Das Zentrum produziert hochwertige Güter auf der Basis der Rohstoffe und der Arbeitskraft der Peripherie. Über den so in einem „ungleichen Tausch“ erzeugten Mehrwert steigert das Zentrum seinen Wohlstand, während die Peripherie – abgesehen von den herrschenden Eliten – in Armut verharrt. Allerdings sind Aufstiege und Abstiege möglich, etwa in die Semiperipherie. Dennoch übt das System „strukturelle Gewalt“ aus, weil es die „Partner“ in die Logik des kapitalistischen Warenverkehrs zwingt und damit in komplexe Abhängigkeitsstrukturen zu Ungunsten der Länder der Peripherie (z. B. Schuldenproblematik). So üben etwa Weltbank und Internationaler Währungsfonds im Sinne einer vertikalen Dominanz Druck auf Länder der Peripherie aus, während sich die reichen Staaten Europas in der EU horizontal zusammen- sowie ihre Märkte nach außen abschließen und nur unter bestimmten Bedingungen öffnen.

Die Weltsystemtheorie hat den Anspruch, die Totalität der internationalen Beziehungen zu erfassen. Die Dominanz der Wirtschaft – so die zentrale **Kritik** – lässt politische Möglichkeiten jedoch zweitrangig erscheinen. Im Kontext der Globalisierung hat die Theorie dennoch den Vorzug, auf die Bedeutung des Weltwirtschaftssystems und seine Krisenanfälligkeit hinzuweisen, die von dessen wesentlichen „Hauptwidersprüchen" erzeugt wird: von dem Widerspruch von maximaler kapitalistischer Wertschöpfung und Massennachfrage, was eine zumindest partielle Umverteilung des Wohlstands notwendig macht, sowie den immer weiter steigenden Kosten, die entstehen, um die Massen – insbesondere in der Peripherie, aber nicht nur dort – ruhig zu stellen.

Kategorien	Inhalte
wesentliche Akteure	soziale Klassen, transnationale Konzerne („Multis")
Menschenbild	Handlungen sind wirtschaftlich bestimmt und zweckrational
Staatenbild	ausführende Organe der herrschenden Klassen und Agenten des kapitalistischen Weltwirtschaftssystems, in Bedeutung schwindend
Sicht auf das internationale System	deutlich geschichtet, bestimmt vom kapitalistischen Weltwirtschaftssystem
Bedingungen für Frieden und Kooperation	Ressourcen- und Warenaustausch, Existenz der Semiperipherie
Prozesse und Handlungen in den internationalen Beziehungen	strukturelle Gewalt, Gewinnmaximierung, Ausbeutung, wirtschaftlicher Auf- und Abstieg
Vorstellungen über Veränderbarkeit des internationalen Systems	kein innerer Wandel möglich, nur radikaler Systemwechsel, wenn Krisen überhandnehmen
wesentliche Theoretiker	Lenin, Wallerstein u. a.

Marxistische Grundannahmen: Imperialismustheorie/Dependenztheorie/Weltsystemtheorie

4 Konstruktivistische Ansätze

Ein relativ neuer Theorieansatz der internationalen Beziehungen ist der **Konstruktivismus** (auch Sozialkonstruktivismus). Er gehört in den Bereich postmoderner Ansätze, die sich aus der Rezeption vielfältiger wissenschaftlicher Erkenntnisse der Kultur- und Sozialwissenschaften speisen. Im Kern geht es dabei um die Dekonstruktion von Begrifflichkeiten, um so in einer Diskursanalyse Machtkontexten auf die Spur zu kommen.

Der Konstruktivismus – sofern man von ihm im Singular sprechen kann, da seine Strömungen höchst vielschichtig sind – geht davon aus, dass sich die Realität nicht direkt erschließen lässt. Die uns umgebende „soziale Welt" wird vielmehr durch unser gemeinsames Handeln mit anderen sowie durch die gemeinsam geteilten Vorstellungen über „die" Welt und unsere Wahrnehmung dieser Welt erst „gemacht". Diese „soziale Konstruktion der Wirklichkeit" erzeugt eine „Sinnwelt" für Akteure in den internationalen Beziehungen, die ihnen Handlungsmöglichkeiten erst eröffnet und sie zugleich auf bestimmte Handlungsoptionen beschränkt. Diese **konstruierte Wirklichkeit** ist damit zugleich konstitutiv und regulativ. Immer sind demnach kollektiv geteilte Vorstellungen wesentlich für den Erhalt und die Entwicklung der internationalen Beziehungen. Das gilt schon für die Vorstellung, Staaten seien souveräne Akteure, denn Souveränität ist ein Konstrukt.

Dennoch geht es im Konstruktivismus nicht um Relativismus – im Gegenteil: Sobald sich der Handelnde auf die soziale Konstruktion eingelassen hat – und etwas anderes bleibt ihm gar nicht übrig, da jede soziale Welt konstruiert ist –, ist diese Welt real in dem Sinn, dass die Folgen des Handelns real sind. Im Krieg sterben Menschen ganz real, aber Kriegsgründe (z. B. Ehre, Vaterland, Bedrohung) werden als solche gesellschaftlich konstruiert. Man kann daher die internationalen Beziehungen nicht außerhalb von Raum und Zeit analysieren. Ihre Strukturen sind abhängig vom sozialen Handeln der Akteure, von den normativen Regeln dafür und den Diskursen darüber. Das heißt, Organisationen bestehen aufgrund des Handelns von Akteuren, die sich Regeln und Normen geben und sich an diese halten. Wesentlich sind also die intersubjektiven Strukturen, die Voraussetzung für die Ausbildung jeglicher Organisationen sind, und das diesen Strukturen angemessene Handeln, dessen „Angemessenheit" sich über Diskursanalysen erfassen lässt. Dieses Handeln kann als Grundhaltung verinnerlicht, wertrational fundiert oder kommunikativ begründet sein.

In Bezug auf die internationalen Beziehungen ist dieser Theorieansatz vor allem für die Analyse der Innen- und Außenverhältnisse von Gemeinschaften wichtig: Innerhalb der Gemeinschaft existieren geteilte Vorstellungen, die helfen, Anarchie zu überwinden und Zusammenarbeit zu forcieren. Außerhalb der Gemeinschaften herrschen Wert- und Deutungskonflikte.

Wichtigster Vertreter des Konstruktivismus

Alexander Wendt (* 1958): Deutsch-amerikanischer Politikwissenschaftler, Begründer und Hauptvertreter des Konstruktivismus in den internationalen Beziehungen, Weltstaatstheoretiker; Hauptwerk: „Social Theory of International Politics" (1999).

Auch hier liefert eine spieltheoretische Betrachtung Erklärungen für unterschiedliches Verhalten. Das Gefangenendilemma wird unter Freunden anders gelöst als unter Feinden. Unter Freunden suchen die Akteure den größten Nutzen für beide, d. h. die Option, mit der sie insgesamt am wenigsten Strafe trifft, unter Feinden hingegen den größtmöglichen Schaden für den Anderen.

		Gefangener A	
Gefangener B	*Ziel: so sicher wie möglich wenig Haft für beide*	**Aussage**	**Schweigen**
	Aussage	keine Kooperation (2;2)	Vorteil B (1;4)
	Schweigen	Vorteil A (4;1)	Kooperation (3;3)*

Gefangenendilemma unter Freunden

		Gefangener A	
Gefangener B	*Ziel: so sicher wie möglich lange Haft für den Feind*	**Aussage**	**Schweigen**
	Aussage	keine Kooperation (2;2)**	Vorteil B (1;4)
	Schweigen	Vorteil A (4;1)	Kooperation (3;3)

Gefangenendilemma unter Feinden

Zwar bleibt der objektive Schaden bzw. Nutzen gleich, aber die Bewertung ist eine andere. Das Dilemma löst sich in solchen Konstellationen in Luft auf. Der größte Nutzen im Freundschaftsfall (beide schweigen und erhalten so insgesamt und jeder einzeln eine geringe Haftstrafe*) wird sich genauso als Verhalten ergeben wie der größte sichergestellte Schaden für den anderen (beide gestehen und der Feind kommt so ganz sicher lange in Haft**) im Feindschaftsfall. Egal wie der Feind handelt, das eigene Gestehen führt immer ganz sicher zum größtmöglichen Schaden für ihn. Entscheidend ist hier also nicht das eigene Ergebnis allein, sondern die Summe beider Strafen im Freundschafts- sowie der sichere Schaden im Feindschaftsfall.

Das internationale System entwickelt sich dementsprechend über Inklusion und Exklusion. Überträgt man dieses unterschiedliche Freund-Feind-Verhalten in den Kontext politischen Handelns in den internationalen Beziehungen, dann kann man den Grad der Gewaltbereitschaft zwischen Akteuren erklären:

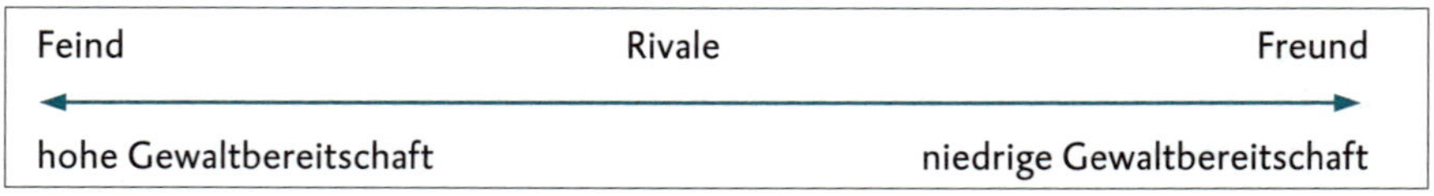

Rollenverständnis internationaler Akteure

Übertragen auf Grundfiguren politischen Denkens wäre das Rollenverständnis „Feind“ dem Denken Hobbes’ und damit dem **Realismus** nahe, während das Rollenverständnis „Freund“ auf Kant und damit den **Liberalismus** (Idealismus) bezogen werden könnte. Das Rollenverständnis „Rivale“ ist ebenfalls liberal im zweckrationalen Sinn. Damit gingen dann u. a. der neoliberale Institutionalismus oder die Regimetheorie einher.

Wie die **Dilemmata** eines anarchischen internationalen Systems zu lösen sind, ist damit weniger eine Frage des Systems, sondern der Art und Weise, mit welchen Interpretationen man an das jeweilige Dilemma herangeht. Auf lange Sicht besteht also nach konstruktivistischem Verständnis die Möglichkeit, die Weltprobleme durch internationale Sozialisation und Vergemeinschaftung zu lösen. Allerdings setzt das die Bereitschaft dazu voraus, die wiederum von den Diskursgemeinschaften abhängig ist. Setzen diese auf Macht und Interessen, wird es eher zu Konfrontationen kommen.

Konstruktivistisches Denken – so die **Hauptkritik** – kann damit die klassischen realistischen und liberalen Ansätze ergänzen, ersetzen kann sie diese nicht. Vielmehr sind realistisches und liberales Denken selbst handlungsleitend wirksam.

Kategorien	Inhalte
wesentliche Akteure	Individuen, kollektive Identitäten
Menschenbild	soziale Gruppen, vor allem Eliten prägen Sinnwelten
Staatenbild	Staaten folgen in ihrer Politik der Weltsicht von Eliten, kollektiven Normen und sozialer Identität
Sicht auf das internationale System	kann nicht aus materiellen Strukturen heraus erklärt werden, sondern aus den davorliegenden intersubjektiven Strukturen
Bedingungen für Frieden und Kooperation	kollektive Identität, Gemeinschaft
Prozesse und Handlungen in den internationalen Beziehungen	Sozialisation, Argumentation
Vorstellungen über Veränderbarkeit des internationalen Systems	veränderbar über „Evolution“
wesentliche Theoretiker	Wendt u. a.

Konstruktivistische Grundannahmen: Konstruktivismus

5 Anwendung der Theorieansätze

Die Reichweite und Vorteile des jeweils besonderen Fokus der dargestellten Theorieansätze können in der **Anwendung auf die Ukrainekrise** geprüft werden.

Realistische Theorieansätze setzen mit ihren Erklärungen auf staatlicher und zwischenstaatlicher Ebene an. Das internationale System ist anarchisch und gehorcht dem Prinzip der Selbsthilfe. Damit hat Russland in Fragen des nationalen Interesses nicht nur das Recht, sondern auch die Pflicht, in der Ukraine zu intervenieren, auch wenn es dazu nicht die Zustimmung der internationalen Staatenwelt hatte. Bei der Krim handelt es sich zudem nicht um „Ausland", sondern diese ist erstens mehrheitlich von russisch-stämmigen Bürgern bewohnt und zweitens nur aufgrund einer Gebietsverschiebung in der UdSSR der Ukraine angegliedert.

Allerdings ist das nicht der einzige Schluss, der auf Basis der realistischen Theorie möglich ist. Es kommt darauf an, wie das nationale Interesse definiert wird. Auf mittlere Sicht zumindest ist der außen- und wirtschaftspolitische Schaden, den Russland aufgrund seiner Annexion der Krim erlitten hat, größer als der Nutzen, unmittelbaren Zugriff auf ein neues Territorium erhalten zu haben. So können Russlands Aggressionen etwa die NATO im Baltikum stärken. Und ein schwacher Rubel und fallende Rohstoffpreise brin-

Auseinandersetzungen bei der Räumung der Protestlager auf dem Maidan im August 2014

gen Russlands Wirtschaftskraft in Gefahr, die auf Rohstoffexporten basiert. **Liberale Positionen** nutzen dagegen alle drei Analyseebenen:

- Wladimir Putin war seiner eigenen Propaganda sowie seiner Stellung in Russland eine Intervention in der Ukraine schuldig. Rassistische Positionen innerhalb der Maidanbewegung haben ihn umso stärker dazu getrieben, „seine Landsleute“ zu beschützen und „Nothilfe“ zu leisten.
- Auf staatlicher Ebene ging es um die Sicherung der wirtschaftlichen und militärischen Stabilität in der Region, die nur durch eine innenpolitische Stabilität der Ukraine erreicht werden kann. Wenn mit der Annexion der Krim ein schwelender Unruheherd beseitigt ist, dann hat die Intervention zum Ausgleich der Interessen beigetragen und allen Beteiligten genutzt.
- Auf internationaler Ebene kann argumentiert werden, dass die Ukraine sich mit Duldung oder sogar Unterstützung der EU ihrer Verpflichtung zum Schutz nationaler Minderheiten zu entziehen versuchte. Russland habe damit das Recht zur Intervention.

Vertreter der **Weltsystem- und Dependenztheorien** werden sich dagegen auf das internationale System beziehen, nicht auf die Interpretationen einzelner Akteure. Hier kommen dann die geschichtliche Dimension und ihre gegenwärtigen Folgen zur Geltung: Mit dem Niedergang der Sowjetunion gelang es dem Westen, seinen Einfluss auf Osteuropa auszudehnen. Dabei geht es auch darum, sich dauerhaft Rohstofflieferungen und Absatzmärkte zu sichern, wozu z. T. auch dubiose Politiker und ihre Machtcliquen gestützt werden. Im Westen wird daher in den meisten Medien Russland als Aggressor ausgemacht.

Hier kommen **konstruktivistische Ansätze** zum Zug: Je nachdem, welche Sicht der Dinge man teilt, wird man die russische oder ukrainische Politik anders einschätzen. Einerseits kann die Annexion der Krim als völkerrechtswidrig betrachtet werden, da sie einen Verstoß gegen die territoriale Integrität der Ukraine bedeutete, und das Referendum als unrechtmäßig, da es von einer russischen Militärpräsenz begleitet wurde. Andererseits kann man auch das Selbstbestimmungsrecht der Völker in die Diskussion einbringen. Danach könnte sich für die russische Minderheit in der Ukraine ein Recht auf Sezession ergeben, die dann durch internationale Anerkennung insbesondere der Großmächte völkerrechtskonform werden kann.

Dieses Beispiel verdeutlicht, dass jede der Theorien ihre spezifische Berechtigung hat. Keine kann für sich allein alle Aspekte internationaler Beziehungen vollständig erklären. Jede liefert ihren eigenen Beitrag, um die Prozesse und das Handeln von Akteuren in diesem Kontext zu erhellen.

Akteure und Politiken

Der Begriff „Internationale Beziehungen“ bezeichnete ursprünglich Beziehungen zwischen Staaten und damit **internationale Politik** (von außen betrachtet) oder **Außenpolitik** (von innen betrachtet). Ein Begriffswandel war jedoch unerlässlich, da sich sowohl die Zahl der Akteure als auch die der zwischen ihnen stattfindenden Politiken vervielfacht hat:

Akteur	Politik
Staat (Regierung)	Außenpolitik
Staatengruppe, internationale Organisationen (z. B. NATO, UN)	internationale Politik
Staatenverbund, supranationale Institutionen (z. B. EU)	supranationale Politik
nationale Zivilgesellschaft (z. B. DGB)	Einflussnahme auf Außenpolitik
internationale Zivilgesellschaft (z. B. Greenpeace)	transnationale Politik
Gesamtheit aller Akteure	internationale Beziehungen

Akteure und Politiken der internationalen Beziehungen

In den internationalen Beziehungen spielen seit dem 19. Jahrhundert neben den Staaten zunehmend (inter-)nationale Organisationen eine bedeutende Rolle. Unterschieden werden vor allem die folgenden:

- **International Governmental Organisation** (IGO): Sie ist definiert über ihre Begründung durch einen multilateralen völkerrechtlichen Vertrag zwischen mindestens drei Partnern (= Staaten). Sie hat eigene Organe und Kompetenzen und tritt als eigenständiger Akteur auf. Die so institutionalisierte Zusammenarbeit kann einzelne oder mehrere Politikfelder betreffen.
- **Non-Governmental Organisation** (NGO): Sie ist eine gesellschaftliche, d. h. nicht staatliche Organisation in einem Staat.
- **International Non-Governmental Organisation** (INGO): Sie ist ein Zusammenschluss von wenigstens drei gesellschaftlichen, d. h. nicht staatlichen Akteuren (Parteien, Verbänden etc.) aus ebenfalls mindestens drei Staaten. Damit diese Zusammenarbeit über Staatsgrenzen hinweg funktioniert, legen die Partner verbindliche Regeln für ihre Zusammenarbeit fest.

Im Zuge der zunehmenden Globalisierung haben sich daneben zahlreiche internationale Organisationen entwickelt, deren Hauptzweck wirtschaftlicher Natur ist (**Business International Non-Governmental Organisation** = BINGO; **Transnational Corporation** = TNC). Außerdem gibt es vielfältige Mischformen aus staatlichen und nicht staatlichen Mitgliedern. Man spricht in diesem Zusammenhang von hybriden Organisationen. Die ständige Zunahme und Ausdifferenzierung dieser Organisationen zeigt die immer stärkere Verflechtung und Vernetzung in den internationalen Beziehungen.

BINGOs/ TNCs	ca. 77 200 mit etwa 860 000 Niederlassungen weltweit (z. B. Microsoft, Shell, Ford)
NGOs	mehr als 10 000 mit bedeutsamen transnationalen Aktivitäten (z. B. Hilfsorganisation Cap Anamur / Deutsche Not-Ärzte e. V.)
IGOs	246 (z. B. UN, NATO)
INGOs	ca. 7 300 (z. B. Amnesty International, FIFA)

Formen international tätiger Organisationen

Man kann die Beziehungen zwischen den Akteuren in einem verschachtelten Modell darstellen. Den Kern der Überlegungen bildet dabei der einzelne souveräne Staat, um den sich quasi wie Schalen verschiedene Handlungsebenen herumlegen, auf denen unterschiedliche Akteure tätig sind.

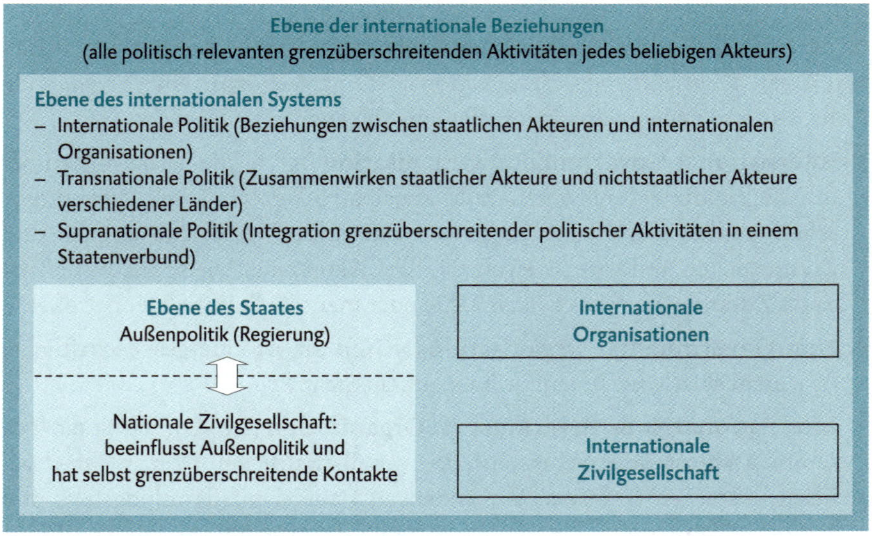

Handlungsebenen der internationalen Beziehungen

1 Staaten

Historisch gesehen sind der Staat und seine Entstehung in der Frühen Neuzeit die Voraussetzung für die internationalen Beziehungen, wie wir sie gegenwärtig kennen. Weil die italienischen Staaten der Renaissance, wie z. B. Florenz und Mailand, ständig in ihrer Existenz gefährdet waren, mussten sie stets bereit sein, Krieg zu führen und sich über eigene Macht oder Bündnisse abzusichern. Der Krieg ist damit der Vater der Diplomatie und des internationalen Mächtesystems, und Europa liefert so das Paradigma für internationale Systembildung und zwischenstaatliche Konfliktregelung.

Grundlegend für Politik zwischen Staaten ist dabei die Vorstellung der **souveränen Gleichheit** aller Staaten, wie sie z. B. in der UN-Charta (Art. 2, 1.: „Die Organisation beruht auf dem Grundsatz der souveränen Gleichheit aller ihrer Mitglieder.") zum Ausdruck kommt. Nur auf dieser Basis ist ein internationales System denkbar, das durch ständige und verstetigte Kontakte zwischen den Systemelementen selbst eine eigene Qualität hat. D. h., nur wenn es feste Staaten gibt, können diese auch auf Dauer kooperieren sowie interagieren und dabei überdauernde Strukturen und Handlungsmuster ausbilden. Dabei sind zwei Grundordnungen möglich: Entweder besitzt das System keinen Hegemonen und ist auf friedliche bzw. schiedliche Konfliktregelungsmechanismen ausgerichtet – dann sind z. B. Vernichtungskriege ausgeschlossen. Oder das System ist geprägt von **Hegemonialstrukturen**, in denen einzelne Mächte ihre Dominanz auf das System selbst auszudehnen trachten, um es zu beherrschen – dann werden die anderen Akteure unterworfen und ggf. in das eigene Imperium eingegliedert.

1.1 Geschichte des internationalen Staatensystems

In der europäischen und in der Weltgeschichte kann man ausgleichsbetonende Systeme von Hegemonialstrukturen unterscheiden und entsprechende Folgen für Krieg und Frieden beobachten. Die Ausgleichstendenzen der **griechischen Poliswelt** wurden im Peloponnesischen Krieg zwischen den Hegemonialmächten Athen und Sparta außer Kraft gesetzt. Ihren Schlusspunkt fand die Unabhängigkeit der griechischen Stadtstaaten schließlich in der makedonischen, dann in der römischen Herrschaft.

Der **Untergang des (West-)Römischen Reiches** brachte zugleich das Ende der römischen Hegemonie über den Mittelmeerraum und führte zur Herausbildung eigenständiger Herrschaftsbereiche, die von keinem Nachfolgegebilde, weder vom Frankenreich noch vom Heiligen Römischen Reich, integriert werden konnten. Jahrhundertelang gehörten Konflikte zwischen den Herrschaftsbereichen, besser gesagt zwischen den über die europäischen Territorien Herrschenden, zur Tagesordnung.

Schließlich hatte sich **Ende des 15. Jahrhunderts ein internationales System** herausgebildet, das auf dem Prinzip der souveränen Gleichheit der Akteure beruhte. Aufgrund der waffentechnischen Entwicklung und der Kosten für eine schlagkräftige Armee hatte sich der Kreis der Akteure jedoch auf wenige Mächte reduziert, die nach dem Ende des Dreißigjährigen Kriegs internationale Politik als den Versuch verstanden, einen Gleichgewichtszustand zwischen souveränen Staaten herzustellen, um so Hegemonien zu verhindern. In den Friedensschlüssen von Münster und Osnabrück (1648) wurde das sogenannte **Westfälische System** etabliert, das auf den Prinzipien Gleichheit (unabhängig von Größe, Bevölkerungszahl usw.), Nichteinmischung (in die inneren Angelegenheiten eines Staates) und Handlungsfreiheit (bei der Wahl der politischen Mittel, z. B. Diplomatie, Krieg) der souveränen Staaten beruhte. Die folgenden Auseinandersetzungen (z. B. Spanischer Erbfolgekrieg, Siebenjähriger Krieg) waren geprägt vom Kampf um den Erhalt dieses Gleichgewichtssystems gegen einzelne Mächte, die eine Vormachtstellung einzunehmen drohten (z. B. Frankreich).

Dem Wiener Kongress (1815) entsprang ein **europäisches „Konzert" der Großmächte**. Im 19. Jahrhundert änderten sich jedoch die Bedingungen der internationalen Politik. Industrialisierung und Bevölkerungswachstum führten zu einer veränderten technischen wie auch demografischen Basis der Außenpolitik im Zeitalter des Imperialismus.

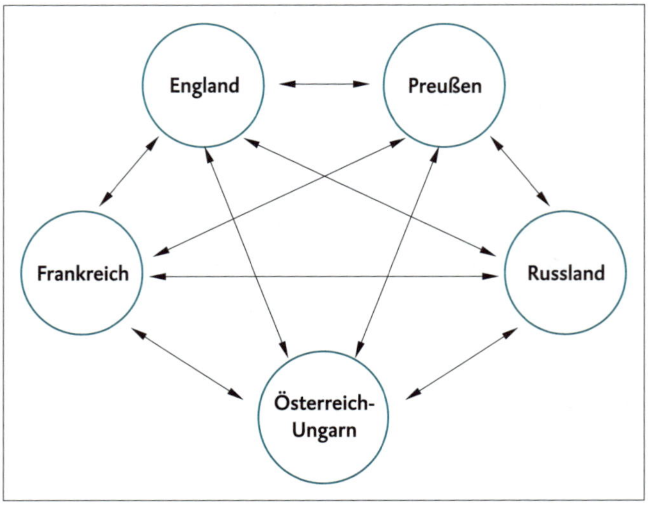

Konzert der Mächte, die Ordnung der europäischen Mächte infolge des Wiener Kongresses

Der Erste Weltkrieg zerstörte die bisherige auf Europa zentrierte Weltordnung. Das **Zeitalter der Ideologien** gipfelte in industriellem Massenmord und weltanschaulich motiviertem Vernichtungskrieg. Nach dem Ende des Zweiten Weltkriegs sah sich die Welt in einen globalen Konflikt der beiden Führungsmächte UdSSR und USA **(Kalter Krieg)** verwickelt, der erst mit dem Zusammenbruch des sowjetischen Imperiums 1991 endete.

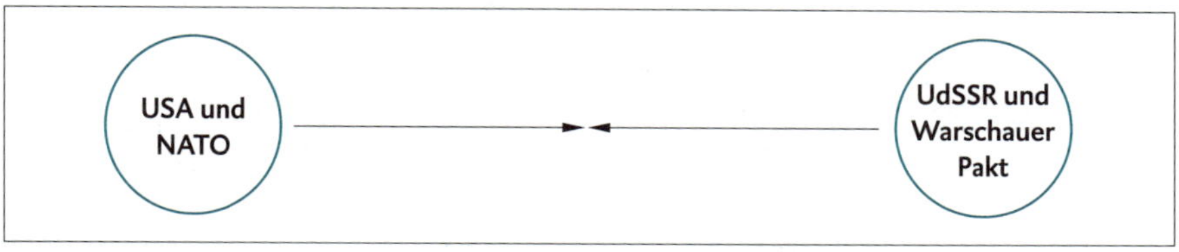

Die bipolare Weltordnung im Kalten Krieg

Seitdem gibt es mit den USA nur mehr eine Supermacht, die aber im „Krieg gegen den Terror" ebenso an ihre Grenzen stößt, wie sie neue politische Herausforderungen, z. B. die Folgen des Klimawandels, nicht im Alleingang bewältigen kann. Die Weltordnung, die sich für einige Jahre maßgeblich an den USA ausrichtete **(unipolare Welt)**, wird mit dem sich vertiefenden Zusammenschluss Europas, dem Wiedererstarken Russlands und dem enormen Bedeutungszuwachs Chinas stärker **multipolar**. Weitere Staaten (z. B. Indien, Brasilien) gewinnen an Bedeutung. Die USA unter der Regierung Barack Obamas trug dieser Entwicklung etwa dadurch Rechnung, dass sie zunächst deutliche Signale der Entspannung in Richtung islamische Welt sandte und eine konziliantere Politik betrieb. Wohin der Weg gehen wird, ist aber gegenwärtig nicht absehbar. Die Weltordnung ist jedenfalls nicht mehr monopolar.

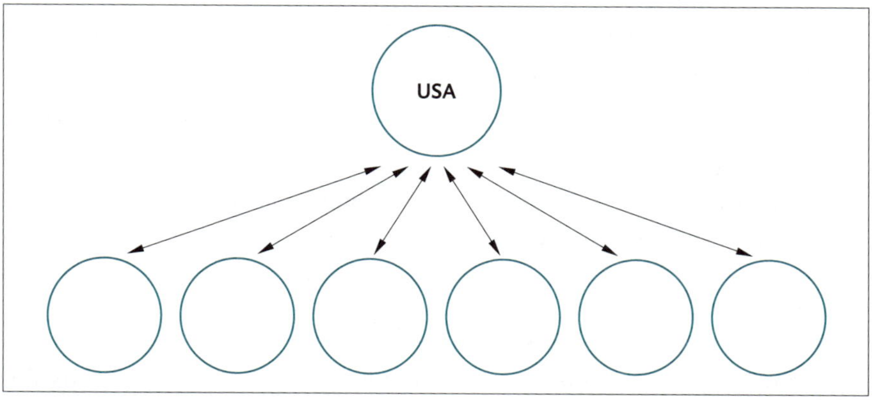

Die Weltordnung seit 1990 – unipolare Welt oder …

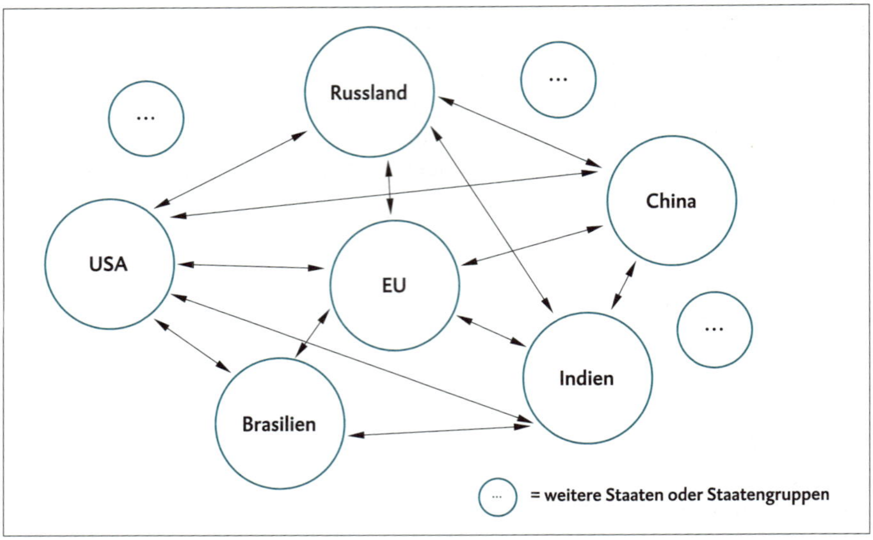

... multipolare Welt

1.2 Staatsbegriff und Staatsfunktionen

Da Staaten weiterhin die zentralen Akteure in den internationalen Beziehungen sind, lohnt sich ein genauerer Blick auf sie. Zunächst aber muss definiert werden, was einen **Staat** überhaupt ausmacht:

1. Ein Staat muss ein bestimmtes, durch Grenzen beschreibbares Gebiet umfassen (= **Staatsgebiet**).
2. Innerhalb dieser Grenzen muss eine dem Staat zugehörige Bevölkerung leben (= **Staatsvolk**).
3. Der Staat muss eine Regierung haben, die von der Bevölkerung prinzipiell anerkannt wird (= **Staatsgewalt**).
4. Der Staat muss von anderen Staaten **diplomatisch anerkannt** werden.

Wie diese Bedingungen im Einzelnen erfüllt werden, sagt viel über die Struktur eines Staates aus, z. B. über seine innere Stabilität (vgl. failed states, S. 85 ff.). Die Kriterien sind also relativ, nicht absolut. Alles in allem ist ein Staat mehr als eine rein rechtliche Größe, er braucht auch Akzeptanz (= Legitimität) und muss funktionsfähig sein.

Der Staat hat mehrere Funktionen: Zunächst sind die **Wahrung der Sicherheit** seiner Bewohner nach innen und außen sowie die **Ordnung des Zusammenlebens** im Inneren zu nennen. Hinzu kommt die **Leistungsfunktion**, z. B. in der Umverteilung von Werten im sozialen System. Alle diese Funktionen werden von auswärtigen Angelegenheiten tangiert. Am offensichtlichsten ist das im Bereich der äußeren Sicherheit, aber auch die innere Sicherheit ist z. B. in Zeiten des transnationalen Terrorismus betroffen. Die Außenhandelsbeziehungen beeinflussen den Wohlstand eines Landes und damit die Leistungsfunktion des Staates. Hinzu kommt Regelungsbedarf aufgrund der internationalen Einbindung, z. B. in die EU oder in ein internationales Regime.

Vom Begriff „Staat" ist der Begriff **„Nation"** zu unterscheiden. Dieser bezieht sich auf eine Bevölkerungsgruppe, die Gemeinsamkeiten aufweist oder empfindet (z. B. Sprache, Geschichte, Kultur). Lebt diese Bevölkerung in einem Staat, dann wird dieser **„Nationalstaat"** genannt.

1.3 Der Staat im Fokus der Großtheorien

Aus Sicht der verschiedenen Großtheorien der internationalen Beziehungen verbinden sich mit dem Begriff „Staat" verschiedene Vorstellungen: Nach der **realistischen Sicht** ist der Staat nach außen souverän und hat innerhalb seiner Grenzen volle Handlungsfreiheit. Als autonomer Akteur in den internationalen Beziehungen handelt er als geschlossene Einheit nach klar definierten politischen Zielen, seinem nationalen Interesse, das sich letzten Endes im Medium Macht ausdrückt. Das internationale System gleicht damit einem Billardtisch, auf dem sich klar unterscheidbare Einheiten (Bälle ≙ Staaten) in Interaktion befinden („Billardball-Modell").

Die **liberale Sicht** auf den Staat geht ebenfalls von einem souveränen Gebilde aus, das jedoch nicht autonom ist und auch nicht als Einheit handelt. Innerhalb seiner Grenzen konkurrieren unterschiedliche Interessen um politische Geltung. Deshalb hat der Staat auch kein klar definiertes nationales Interesse, sondern viele unterschiedliche Interessen zu vertreten.

Die **marxistische Sicht** betrachtet den Staat als sekundäres Gebilde, als ausführendes Organ der herrschenden Klassen und als Agenten des kapitalistischen Wirtschaftssystems. Es gibt damit keine eigenen nationalen Interessen, sondern nur Interessen des Kapitals, die z. B. an staatlichen Grenzen nicht haltmachen. Letzten Endes ist der Staat im Niedergang begriffen.

Aus **konstruktivistischer Sicht** schließlich sind sowohl nationale Interessen als auch die nationale Identität an sich Konstrukte. Es gibt also keinen klar definierbaren und für immer stabilen staatlichen Zustand, sondern Menschen leben in einem staatlichen Gebilde, das sie formen und das sie formt. Ein Staat hat sozusagen eine multiple Identität, die jedoch nicht völlig beliebig ist, sondern als soziale Tatsache Geltung beansprucht.

Wendet man diese unterschiedlichen Sichtweisen z. B. auf den Umgang mit der Energieversorgung (z. B. mit Öl, Gas) an, wird deutlich, worin die Differenzen bestehen und welche Folgen unterschiedliche Staatskonzepte haben: Nach der **realistischen Sicht** gehört die Aufrechterhaltung und Sicherung der Energieversorgung eines Landes zu den zentralen Aufgaben des Staates und ist bedeutsam für seine nationale Sicherheit. Wichtig sind dabei sowohl die Garantie sicheren Nachschubs als auch stabile Preise. Damit ist ein nationales Interesse definiert, das jede Politik nach außen mit durchzieht.

Aus **liberaler Sicht** gibt es unterschiedliche Interessen in einem Staat. So haben Verbraucher andere Interessen als Energielieferanten oder -produzenten und diese wiederum andere als die produzierende Industrie. Der Staat ist den Einflussnahmen der entsprechenden Interessengruppen (Lobbyismus) ausgesetzt und kann je nach deren Durchsetzungskraft unterschiedliche Ziele verfolgen – auch im Wechsel oder sogar gleichzeitig: z. B. Förderung der heimischen oder alternativer Energiequellen, Sicherung billiger Energielieferungen aus dem Ausland, Garantie von Festpreisen für Energie.

Nach der **marxistischen Sicht** ist die staatliche Politik ein Reflex auf die Interessen der Wirtschaft. Entscheidend sind hier die vor allem auch international agierenden Energiekonzerne, die über Hegemonialstaaten die Weltenergiewirtschaft zu ihrem eigenen Nutzen steuern.

Aus **konstruktivistischer Sicht** ist die Frage, was eine sichere Energiebasis eines Staates ist, objektiv nicht zu beantworten. Wichtig ist das, was Menschen für wichtig halten. Diese Sicht kann sich auch ändern und bringt dann eine neue Verhaltensweise, eine neue Politik hervor. So ist z. B. der Umgang mit der Kernenergie auch eine Frage der Risikoabschätzung, die in unterschiedlichen Staaten ganz unterschiedlich ausfallen kann.

1.4 Staatliche Politik in den internationalen Beziehungen – Außenpolitik

Staaten unterhalten auswärtige Beziehungen und diplomatische Kontakte. Sie entsenden Botschafter und betreiben **Außenpolitik**. Damit ist das Verhalten bezeichnet, wie ein Staat bzw. die in einem Staat organisierte Gesellschaft die eigenen Interessen gegenüber der außerstaatlichen Umwelt wahrnimmt und durchsetzt. Wichtig sind dabei zunächst die Grundlagen dieser Politik, also die Potenziale und Ressourcen, über die ein Staat verfügt – kurz: seine **Machtquellen**. Diese bilden das Fundament, auf dem der Staat vor dem Hintergrund konkreter nationaler und internationaler Konstellationen auf auftretende Problemlagen reagiert.

Grundlagen der Außenpolitik

Staaten sind die wesentlichen Akteure der internationalen Beziehungen, weil sie über Macht verfügen, die auf natürlichen, greifbaren und immateriellen Quellen beruht.

Beispiele natürlicher Machtquellen • geografische Lage: z. B. Insel, Mittel-, Randlage; Grenzen; naturräumliche Gliederung • Ressourcenausstattung: z. B. Bodenschätze, landwirtschaftliche Nutzfläche, Klima • demografische Verhältnisse: z. B. Bevölkerungsgröße, Altersstruktur, ethnische Zusammensetzung
Beispiele greifbarer Machtquellen • Industrialisierungsgrad: z. B. Agrar- oder Industriegesellschaft • Bildungssystem: z. B. Alphabetisierungsgrad, Akademikerquote • Militärkapazität: z. B. Größe und Ausstattung der Streitkräfte
Beispiele immaterieller Machtquellen • historische Traditionen: z. B. „ewige" Neutralität • Eigen- und Fremdbild: z. B. aggressiv vs. zurückhaltend, vertrauensvoll vs. misstrauisch • Rückhalt bei der eigenen Bevölkerung: z. B. Unterstützung, Forderungen • politische Führerschaft: z. B. des Regierungschefs

Quellen staatlichen Machtpotenzials

Entscheidend für die Außenpolitik sind jedoch nicht allein die Quellen der Macht, sondern der Gebrauch derselben. Staaten – und natürlich auch Staatenbündnisse und internationale Organisationen – nutzen verschiedenste Wege, um das eigene Potenzial in tatsächliche Macht umzusetzen: **Diplomatie, Wirtschaftskraft** und **Gewalt**. Diese Vorgehensweisen sind universelle Methoden des Machtgebrauchs und werden damit auch in der internationalen und transnationalen Politik genutzt.

Diplomatie

Der Begriff „Diplomatie" (griech. „diploma") wird seit dem Ende des 18. Jahrhunderts für einen spezifischen Modus des Handelns verwendet, mit dem Staaten danach streben, das Verhalten anderer Akteure insbesondere durch Kommunikation und in Verhandlungen zu beeinflussen. Obgleich viel älter und schon in der Antike nachgewiesen, ist die moderne Form der Diplomatie ein Produkt der italienischen Staaten der Renaissance und eng mit der Entstehung der Nationalstaaten verbunden. Ihre rechtliche Regelung fand sie zunächst in einer Anlage zur Schlussakte des Wiener Kongresses (1815) und schließlich im „Wiener Übereinkommen über diplomatische Beziehungen"

(1961) sowie in der „Wiener Konsularkonvention“ (1963). Festgelegt wurden darin **einheitliche Regeln für die diplomatische Arbeit** (z. B. offizielle Entsendung eines Diplomaten durch ein „Beglaubigungsschreiben“, Akkreditierung eines Diplomaten im Gastland durch das „Agreement“, diplomatische Immunität und damit verbundene Privilegien wie z. B. Exterritorialität des Botschaftsgebäudes und der Fahrzeuge).

Das Berufsbild des Diplomaten hat sich dabei über die Jahrhunderte verändert: Aufgrund der wesentlich verbesserten Reise- und Kommunikationsmöglichkeiten haben sich die Aufgaben der Berufsdiplomaten stärker vom Berichten und Verhandeln hin zum Repräsentieren verschoben. Zugleich wurde eine stärkere Spezialisierung des diplomatischen Personals nötig, da sich die internationalen Handlungsfelder ausgeweitet haben. Aus einer privilegierten und wegen ihres besonderen Vertrauensverhältnisses zu den Regierenden herausgehobenen Kaste ist mittlerweile ein normaler Teil der öffentlichen Verwaltung geworden, der von Berufsbeamten ausgeübt wird.

Diplomatie ist aber mehr als die Arbeit von Berufsdiplomaten. Für diplomatische Aktivitäten stehen unterschiedliche Mittel informeller und institutionalisierter Art zur Verfügung, die vertraulich oder öffentlich eingesetzt werden:

	vertraulich	öffentlich
informell	• Kontaktaufnahme über Mittelsmänner oder Vertrauenspersonen (z. B. Kuba-Krise) • Aufbau eines Vertrauensverhältnisses zwischen Diplomaten	• Schalten von Anzeigen in ausländischen Presseerzeugnissen • Interviews mit in- und ausländischen Medienvertretern
institutionalisiert	• Nutzung direkter Kommunikationswege (z. B. „Rotes Telefon“) • Geheimdiplomatie (z. B. geheimes Zusatzprotokoll des „Hitler-Stalin-Pakts“)	• Einbestellung eines Botschafters ins Außenministerium • Veröffentlichung diplomatischer Noten • regelmäßige Treffen von Außenministern oder Regierungschefs (z. B. dt.-fr. Konsultationen)

Mittel der Diplomatie (ausgewählte Beispiele)

In der Regel beginnt die Diplomatie als Aushandlungsprozess, der öffentlich oder vertraulich zu einer Einigung zwischen Staaten über einen Sachverhalt führen soll. Dieser Prozess ist sensibel und kompliziert, weil jeder Schritt zu einer Reaktion (oder bewussten Nicht-Reaktion) des Verhandlungspartners führt, welcher seinerseits bei seinem Verhalten die erwarteten Reaktionen des anderen einkalkuliert. Zusätzlich wird die Komplexität noch dadurch erhöht, dass es sich um einen Mehr-Ebenen-Prozess handelt, der außenpolitisch auf den Verhandlungspartner, innenpolitisch aber auf Interessengruppen der eigenen Gesellschaft abzustimmen ist. Dazu kommen noch prinzipielle Differenzen bei Aushandlungsprozessen: Entweder man legt auf der Basis von Grundprinzipien die groben Linien fest und überlässt die Details nachrangigen Arbeitsgruppen, oder aber man versucht pragmatisch möglichst viele Details zu klären, ohne Grundsatzdiskussionen führen zu müssen. Ist solch ein Verhandeln schon zwischen zwei Partnern schwierig, wird es umso komplizierter, wenn die Zahl der Verhandlungspartner zunimmt.

Wirtschaftskraft

Staaten gebrauchen auch ihre Wirtschaftskraft als Instrument außenpolitischen Handelns. Kooperativen Staaten werden in diesem Zusammenhang positive, nicht-kooperativen Ländern negative **Sanktionen** in Aussicht gestellt. Die Möglichkeit eines Staates, zu diesem Mittel zu greifen, hängt vom Stand seiner wirtschaftlichen Entwicklung und internationalen Verflechtung ab. Insbesondere negative Sanktionen sind jedoch umstritten, da ihre Wirksamkeit infrage gestellt wird und die negativen Auswirkungen auf die Bevölkerung des damit überzogenen Staates in den Blick genommen werden.

Typ	Sanktion
positiv	• Einräumen von Handelsprivilegien (z. B. zollfreier Handel) • Handel auch mit sensiblen Wirtschaftsgütern (z. B. Waffenexporte) • Absicherung von Wirtschaftsunternehmen, die im Partnerstaat investieren wollen (z. B. über Bürgschaften)
negativ	• Aufbau von Handelshindernissen (z. B. Strafzölle) • Aufnahme eines Staates auf eine schwarze Liste (z. B. Handelsverbote) • Boykott von Handelsprodukten oder von Dienstleistungen (z. B. Überflugverbot für Fluglinien, Ölembargo)

Wirtschaftssanktionen

Einsatz von Gewalt

Ein drittes Mittel der Außenpolitik ist die Androhung und der Einsatz von Gewalt. Dafür gibt es zwei Optionen: Der Staat kann versuchen, einen anderen dadurch zur Zurücknahme einer Handlung zu zwingen oder aber ihn davon abzuschrecken, etwas zu unternehmen. Der **Zweite Golfkrieg** (1991) ist ein Beispiel für die erste Strategie. Unter Führung der USA und abgesichert von der UN forderte man Irak auf, sich aus dem von ihm besetzten Kuwait zurückzuziehen. Andernfalls sei man bereit, wenn andere Mittel nicht ausreichten, auch Waffengewalt einzusetzen.

Der **Kalte Krieg** und die nukleare Hochrüstung sind Beispiele für die zweite Strategie. Abschreckung setzt auf die glaubwürdige Androhung von Waffeneinsatz im Falle eines Angriffs. Besonders im nuklearen Zeitalter (aber nicht erst dann) bedeutet das, dass ein Überraschungsangriff, der zur Vernichtung der eigenen Reaktionsmöglichkeiten führen könnte, zu verhindern ist. Daher schufen sowohl die USA als auch die UdSSR Kapazitäten, die für einen Zweitschlag hinreichend gewesen wären und dem Gegner im Falle einer Aggression den militärischen Vorteil genommen hätten. Das Ergebnis waren Overkill-Kapazitäten (= Waffenarsenale, die ausgereicht hätten, den Gegner mehrfach zu vernichten), die einen Nuklearkrieg mit verhinderten.

Erklärungsansätze für außenpolitisches Handeln

Welche außenpolitischen Mittel ein Staat einsetzt und zu welchem Zweck er dies tut, hängt von seinen Entscheidungsprozessen und deren Ergebnissen ab.

Die **Großtheorien der internationalen Beziehungen** entwickeln unterschiedliche Modellvorstellungen staatlicher Entscheidungsfindung. So bevorzugt die realistische Sichtweise das Modell rationaler Urteilsfindung des Staates als Entscheidungseinheit, wohingegen die liberale Sichtweise Modelle bürokratischer und institutionalisierter bzw. pluralistischer Entscheidungsprozesse entwirft. Nach dem marxistischen Ansatz haben Staaten hingegen gar keine eigene reale Wahlmöglichkeit, da die Entscheidungen ihnen von den kapitalistischen Herrschaftseliten vorgegeben sind. Nach konstruktivistischer Sicht sind Entscheidungen dagegen Konstruktionen sozialer Realitäten, die als solche jedoch wirkmächtig sind.

Das **rationale Modell der Entscheidungsfindung** basiert darauf, dass auch der jeweils andere Akteur rational handelt und dass sein Verhalten damit kalkulierbar ist. Anwendungsschwierigkeiten gibt es bei diesem Modell, wenn über den anderen Akteur kaum Informationen vorhanden sind, was regelmäßig bei abgeschotteten Diktaturen der Fall ist. Die Atompolitik Nordkoreas ist daher schwer zu analysieren: Was will Nordkorea mit seinen Atomwaffen erreichen? Dienen sie als politisches Pressionsmittel gegenüber Südkorea oder gar Japan und damit auch gegenüber der westlichen Welt? Dienen sie lediglich der Abschreckung? Wann ist Nordkorea willens, diese Waffen tatsächlich einzusetzen? Gibt es überhaupt einen ausgefeilten Plan oder lässt sich Nordkorea von Gelegenheiten treiben?

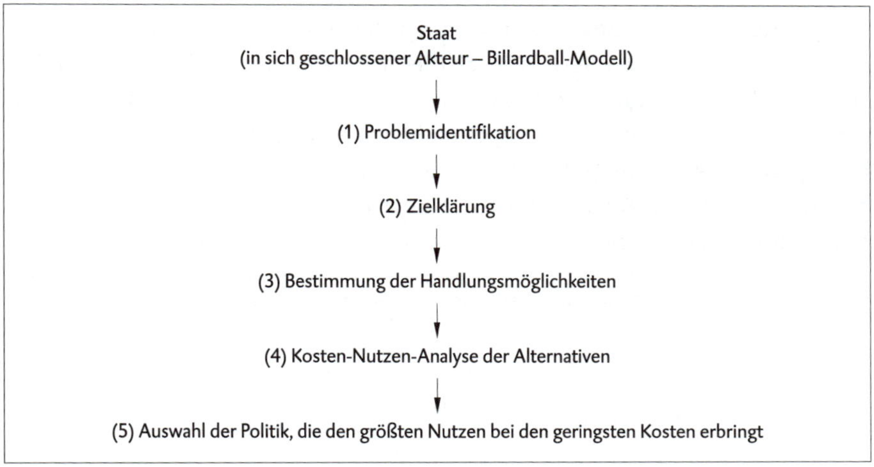

Das rationale Modell der Entscheidungsfindung

Das **Modell der bürokratischen und institutionalisierten Entscheidungsfindung** kennt zwei Hauptmöglichkeiten: In „normalen" Zeiten und bei nichtkontroversen Sachverhalten wird die Entscheidung in Standardverfahren getroffen, an denen in einem einzuhaltenden Dienstweg verschiedene Abteilungen beteiligt sind (z. B. Handels- und Asienabteilung des Außenministeriums bei der Vorbereitung eines Handelsvertrags mit Indien). Bestehen jedoch in einem Ministerium oder zwischen Ministerien und deren maßgeblichen Vertretern Interessendifferenzen, dann tritt an die Stelle der beschriebenen institutionalisierten Entscheidungsfindung die bürokratische Beteiligung und damit die Einbindung der gegensätzlichen Interessen in einen Aushandlungsprozess, der dann die Grundlage der Entscheidung ist. Solche Differenzen gibt es regelmäßig, z. B. herrschte innerhalb der amerikanischen Regierung Uneinigkeit darüber, wie man nach dem Zweiten Weltkrieg mit Deutschland umgehen sollte. Oft führt Uneinigkeit der Bürokratien zu einer uneinheitlichen Politik.

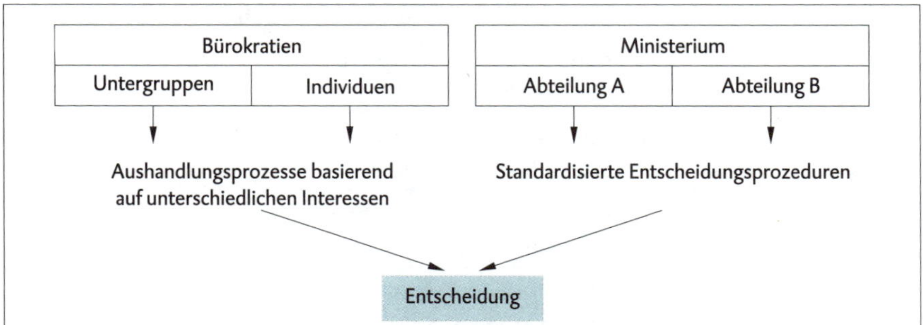

Das Modell der bürokratischen und institutionalisierten Entscheidungsfindung

Das **pluralistische Modell** berücksichtigt die gesellschaftliche Basis der Entscheidungsfindung. Der Staat ist nach dieser Vorstellung einer dauernden Einflussnahme durch die Gesellschaft ausgesetzt. So sind etwa die Bauernverbände mächtige Interessengruppen, die die Agrarpolitik eines Staates (z. B. Milchpreis, Abschirmung des Marktes gegenüber Genprodukten) massiv mitbestimmen können. Aber auch soziale Bewegungen beeinflussen die Außenpolitik eines Staates, wie z. B. am Verbot von Landminen gezeigt werden kann.

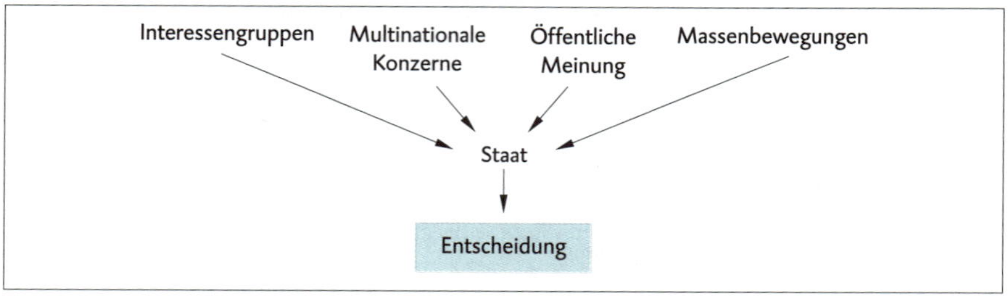

Pluralistisches Modell der Entscheidungsfindung

Jedes dieser Entscheidungsprozessmodelle ist eine Vereinfachung der Realität. Alle Modelle geben einen schematischen Überblick über Einflusswege und Mitspieler bei Entscheidungsprozessen, aber keine Auskunft darüber, warum in einer konkreten Situation eine bestimmte Entscheidung getroffen wurde.

Die Modelle für Entscheidungsprozesse müssen daher immer auch kombiniert werden mit grundlegenden Erklärungsansätzen, damit die Außenpolitik von Staaten nachvollzogen werden kann.

Ansätze	Verständnis von Außenpolitik
machtpolitischer Ansatz	Außenpolitik sind die Aktivitäten eines Staates, die auf dessen Machterhalt oder -erweiterung ausgerichtet sind.
Aktions-Reaktions-Ansatz	Außenpolitik reagiert auf äußere Anlässe, was wiederum für andere Anlass zur Reaktion ist.
Ziel-Mittel-Ansatz	Außenpolitik orientiert sich an Zielhierarchien und fragt nach den Mitteln, die eingesetzt werden müssen, um bestimmte Ziele zu erreichen.
Bedingungsstruktur-Ansatz	Außenpolitik ist von den strukturellen Bedingungen eines Staates langfristig bestimmt.
Rational choice-Ansatz	Außenpolitik beruht auf Entscheidungen, die auf der Basis rational begründbarer Handlungsalternativen getroffen werden.
konstruktivistischer Ansatz	Außenpolitik ist ein Prozess sozialer Interaktion, in dem Realität in Kommunikation, Sozialisation und Sprache konstruiert wird.

Erklärungsansätze zur Analyse von Außenpolitik

Mit keinem dieser Ansätze kann die Außenpolitik eines Staates umfassend erklärt werden. Die Ansätze haben unterschiedliche Schwerpunkte und Reichweiten sowie Beschränkungen. So fokussiert z. B. der machtpolitische Ansatz seinen Blick sehr stark auf Regierungshandeln und vernachlässigt die Interdependenzen im Inneren sowie im internationalen Umfeld des Staates, während der Ziel-Mittel-Ansatz den Systemcharakter der internationalen Politik überbetont.

Die Außenpolitik der Bundesrepublik Deutschland

Wie kein anderes bedeutsames Mitglied der internationalen Staatenwelt ist die Bundesrepublik Deutschland hochgradig eingebunden in das internationale System und von diesem abhängig. So ist Deutschland u. a. Mitglied der UN, der EU, der Eurozone, der NATO, der OSZE sowie des Europarats und ist einer der G8- (bzw. aufgrund des Boykotts Russlands: G7-)Staaten.

Die Ursachen für die starke Einbindung liegen im Wesentlichen in der politischen Mächtekonstellation am Ende des Zweiten Weltkriegs und in der unmittelbaren **Nachkriegszeit** begründet. Weil Deutschland nicht nur diesen Krieg verursacht und als Weltanschauungskrieg brutal geführt, sondern auch industriellen Massenmord betrieben hatte, wurde es nach seiner bedingungslosen Kapitulation besetzt und unter Kuratel gestellt. Nie wieder sollte von ihm eine Gefahr für den Weltfrieden ausgehen. Nur die Differenzen zwischen den ungleichen Partnern der Anti-Hitler-Koalition, die sich schließlich zum Kalten Krieg steigerten, sorgten dafür, dass die beiden deutschen Staaten bereits zehn Jahre nach Kriegsende in eine formelle Souveränität entlassen wurden – de facto eingebunden in ihre jeweiligen Bündnissysteme, NATO und Warschauer Pakt.

Die **Teilung Deutschlands** – und Europas – war damit eine zentrale Bedingung deutscher Außenpolitik, und mit ihr verbunden die Einflussnahme der jeweiligen Führungsmacht der Blöcke, der USA und der UdSSR. Eine zweite Bedingung war die dieser Teilung zugrunde liegende **Souveränitätsbeschränkung**, auf die die deutsche Politik, wenn sie überhaupt zugelassen wurde, unterschiedlich reagieren konnte: mit stärkerer Selbstbindung an die jeweilige Führungsmacht, um damit Vertrauen und Spielräume für den eigenen Teilstaat zu gewinnen, oder mit dem Beharren auf der deutschen Einheit als Primärziel, was dann das Misstrauen der Siegermächte über einen weiteren deutschen Sonderweg bestätigt und überhaupt deren Bereitschaft vorausgesetzt hätte, die deutsche Einheit zuzulassen.

Unter den Bedingungen der deutschen Teilung und der **Blockbildung** beschritt die Bundesrepublik Deutschland unter Bundeskanzler Adenauer den

Weg der Selbstbindung über die **Westintegration** und wurde damit zu einem Motor der europäischen Einigung. Ihre Streitkräfte, die Bundeswehr, wurden in wesentlichen Teilen in die NATO-Strukturen eingebunden und dienten allein der Landesverteidigung. Die DDR lag unmittelbar „an der Leine" der UdSSR und hatte deutlich weniger Spielraum als Westdeutschland. Ihre Streitkräfte, die Nationale Volksarmee (NVA), wurden vollständig in die Befehlsstruktur des Warschauer Pakts integriert. Das Ziel der Wiedervereinigung Deutschlands schien daher vielen Deutschen in Ost und West zunehmend utopisch. Deshalb suchte die westdeutsche Außenpolitik spätestens mit den **Ostverträgen** der 1970er-Jahre den Ausgleich mit den östlichen Nachbarn und war auch maßgeblich am KSZE-Prozess beteiligt.

Bis zum politischen Umschwung in der UdSSR unter Gorbatschow konnte jedenfalls von einer unmittelbar bevorstehenden Chance auf die deutsche Wiedervereinigung keine Rede sein. So entwickelten sich beide deutsche Staaten zu führenden Industrienationen in ihren Blöcken, allerdings mit deutlichen Unterschieden in ihrer Wirtschaftskraft. Während sich die Bundesrepublik zum „Exportweltmeister" mauserte, benötigte die DDR in den 1980er-Jahren Milliardenkredite aus dem Westen und war dennoch 1989 politisch und wirtschaftlich am Ende. Mit dem Votum der Volkskammerwahl vom 18. 3. 1990 wurde innenpolitisch der Weg frei zu den 2 + 4-Verhandlungen zwischen den beiden deutschen Staaten und den Hauptsieger- und nachmaligen Besatzungsmächten des Zweiten Weltkriegs: Frankreich, Großbritannien, USA und UdSSR. Diese besiegelten im **2 + 4-Vertrag** vom 12. 9. 1990 die endgültige Souveränität des vereinigten Deutschlands.

Seitdem steht Deutschland vor anderen außenpolitischen Herausforderungen. Die Bundesrepublik muss dabei ihre Rolle in der Weltpolitik neu definieren, ohne die Belastungen der Vergangenheit aus den Augen zu verlieren. Als mit Abstand bevölkerungsreichstes (ca. 81 Mio. Einwohner) und wirtschaftsstärkstes Land der EU (BIP 2 904 Mrd. € 2014) bleibt sie eines der Machtzentren Europas, aber immer eingebunden in supranationale Strukturen. Das findet z. B. seinen Ausdruck im Abschied des wiedervereinigten Deutschlands von der DM. Die Einführung des Euro gilt als Preis für die deutsche Einheit und damit muss dessen Stabilität auch ein zentrales Ziel der Bundesrepublik sein. Wie stark diese abhängig ist von den Mitgliedern der Eurozone, zeigt z. B. das Ringen um die finanzielle Rettung Griechenlands, zu der die Bundesrepublik den Hauptanteil leisten musste. Neben der wirtschaftlichen Verflechtung ist die Bundesrepublik auch aufgrund ihrer geografischen Lage und ihres ökonomischen Wohlstands besonders von Migration betroffen (s. S. 105, 116).

Das führt dazu, dass Abstimmung mit den Herkunftsländern der Migranten (z. B. Türkei) nötig wird.

Deutschlands Mittellage und seine zahlreichen Nachbarn legen ihm weiterhin eine Politik des **Ausgleichs** und der **Kontinuität** nahe, z. B. in der Vertiefung und Erweiterung der EU. Das gilt auch militärisch. So ist die Bundesrepublik zwar mittlerweile an militärischen Einsätzen im Rahmen der UN beteiligt, aber sie hat sich zugleich dauerhaft zum Verzicht auf Atomwaffen verpflichtet und bleibt damit eine konventionelle Militärmacht mittleren Rangs, eingebunden in feste Bündnisstrukturen. Im 2+4-Vertrag verpflichtete sich Deutschland auch dazu, seine Streitkräfte zu reduzieren. Die NVA wurde aufgelöst und es konnte erstaunlich reibungslos eine gesamtdeutsche Armee aufgebaut werden, die freilich deutlich kleiner ist als Bundeswehr und NVA zur Zeit des Kalten Kriegs. Inzwischen wurde sogar die allgemeine Wehrpflicht ausgesetzt und die Bundeswehr in eine Berufsarmee umgewandelt. Dennoch spielt die Armee im Rahmen der NATO, der Europäischen Sicherheits- und Verteidigungspolitik (ESVP) und der UN eine bedeutsame Rolle. So sind z. B. bei UN-Kriseneinsätzen im Ausland ca. 2 900 Bundeswehrsoldaten beteiligt. Als wichtiger Staat des Westens ist Deutschland zugleich auch ein mögliches Ziel des internationalen Terrorismus und muss an dessen Bekämpfung interessiert sein (s. S. 98 f.).

Als **Konstanten der deutschen Außenpolitik** kann man insgesamt benennen: Selbstbindung und Ausgleich sowie die Pflege des guten transatlantischen Verhältnisses bei gleichzeitiger Berücksichtigung der Belange der europäischen Nachbarstaaten in und außerhalb der EU. Allerdings haben die Wiedervereinigung und die damit einhergehende Souveränität nicht nur den Spielraum der deutschen Außenpolitik grundlegend erweitert, sondern auch deren Verpflichtungen. Während z. B. in Zeiten des Kalten Krieges deutsche Streitkräfte nicht außerhalb des NATO-Gebiets eingesetzt wurden, sieht sich die Bundesrepublik heute immer öfter dem Ruf nach der Übernahme internationaler Verantwortung ausgesetzt. So operieren etwa deutsche Marineeinheiten im Rahmen der Operation Atalanta seit 2008 am Horn von Afrika, um dort Piraten zu bekämpfen. Die Bundesrepublik entscheidet dabei jedoch souverän über jeden Einsatz der Bundeswehr. Am Einsatz der NATO gegen das Regime von Muammar al-Gaddafi in Libyen 2011 nahm sie nicht teil.

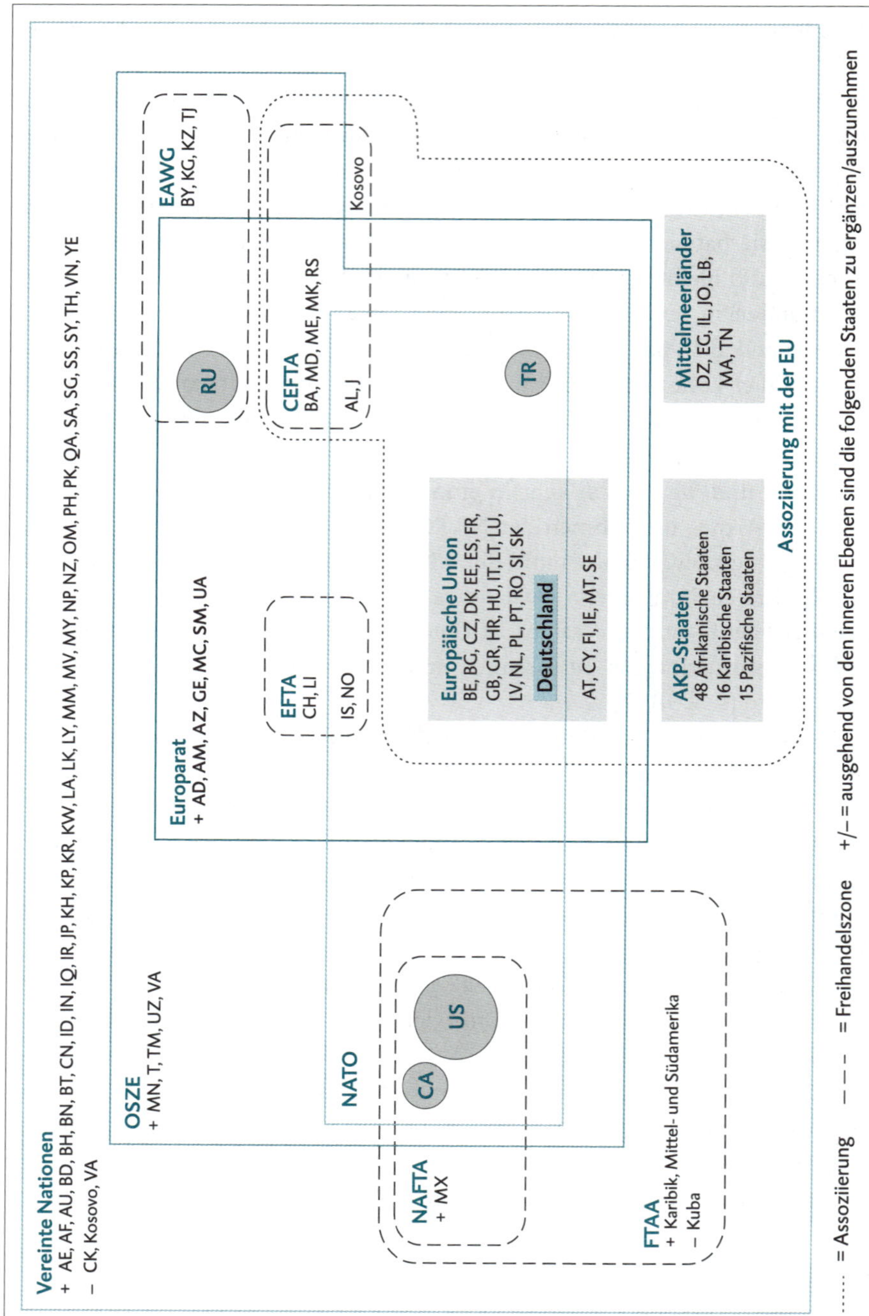

Internationale Einbindung der Bundesrepublik Deutschland; die äußeren Schalen beinhalten jeweils alle Staaten der inneren Schalen (Länderkürzel nach ISO-3166-1-Kodierliste)

2 Internationale Regierungsorganisationen

2.1 Funktionen Internationaler Regierungsorganisationen

IGOs nehmen Aufgaben wahr, die aufgrund der immer stärkeren internationalen Verflechtung nicht mehr dezentral gesteuert werden können. Vor allem – aber nicht nur – kleine staatliche Akteure können nicht mit allen anderen Staaten Einzelfallregelungen in wirtschaftlichen, politischen sowie gesellschaftlichen Fragen treffen. Daher übertragen sie Aufgaben an zwischenstaatliche Organisationen. Diese können auf ein Politikfeld beschränkt sein, wie z. B. auf Gesundheitsfragen (WHO) oder die Verteidigung (NATO). Es gibt aber auch politikfeldübergreifende Organisationen (UN). In jedem Fall haben IGOs den Status von Völkerrechtssubjekten wie die Staaten selbst, die sich in ihnen verbunden haben. Die vertragschließenden Staaten haben den IGOs diesen Status übertragen und damit auch das Recht, die staatlichen Angelegenheiten zu regeln und mit Drittstaaten sowie anderen IGOs selbst Verträge zu schließen.

regional (z. B. OAS, AU)	global (UN, UN-Sonderorganisationen)
low politics: betrifft funktionale Sachentscheidungen (z. B. Weltpostverein)	high politics: betrifft existenzielle Politikfelder (z. B. NATO)
sachlich begrenzte Zuständigkeit (z. B. Washingtoner Artenschutzabkommen)	generelle Zuständigkeit (z. B. UN; in Ansätzen EU)
koordinierende Funktion (z. B. KSZE)	verpflichtende Kompetenzen (z. B. EU)

Arten von IGOs

2.2 Geschichte der Internationalen Regierungsorganisationen

Bis ins 19. Jahrhundert hinein gab es keine IGOs – sie waren einfach nicht nötig. Zum einen war die Staatenwelt weit weniger ausdifferenziert als nach dem Zerfall der Vielvölkerstaaten und der Kolonialreiche infolge der beiden Weltkriege sowie des sowjetischen Imperiums am Ende des 20. Jahrhunderts. Zum anderen waren die Beziehungen zwischen den Staaten weniger komplex. Erst die Industrialisierung und die damit begünstigte massive Verflechtung der Weltwirtschaft ermöglichten und vertieften das Bedürfnis nach Regelungen. So machten u. a. neue Kommunikations- und Transportmöglichkeiten und deren stetige Beschleunigung sowie in deren Folge die Erzeugung global wirkender Risiken (z. B. Umweltverschmutzung, Nuklearwaffen) neue Regelungsmechanismen nötig. Globale Fragen erfordern gleichzeitig globale Antworten und eine lokale Umsetzung. Die Staaten waren damit überfordert.

Als erster Vorläufer der IGOs im 19. Jahrhundert gilt das **Europäische Konzert** der fünf Großmächte (s. S. 28). Allerdings kam es ohne feste Organisation aus und bestand aus einem eher lockeren System von Kongressen, die stattfanden, wenn strittige Fragen geregelt werden mussten, meist im Zusammenhang mit internationalen Krisen und Konflikten. Ihm lag das **Prinzip** des **Gleichgewichts** zwischen den Großmächten zugrunde. Um dieses zu wahren, waren selbst während Kriegen Bündniswechsel möglich.

Nach dem Ersten Weltkrieg wurde 1919 der **Völkerbund** gegründet, mit einer eigenen Charta und einer eigenen Organisation. Dem Völkerbund lag das **Prinzip der kollektiven Sicherheit** zugrunde. D. h., die Staaten garantierten einander die Unverletzlichkeit ihrer Grenzen und das kollektive Vorgehen gegen jeden Aggressor, der diese Grenzen infrage stellte. Allerdings hatte der Völkerbund mehrere Geburtsfehler. So waren das Deutsche Reich und Russland bzw. die Sowjetunion zunächst keine Mitglieder und es fehlte an einer Sanktionsmacht, d. h., der Völkerbund hatte selbst keine politischen und/oder militärischen Machtmittel, um den territorialen Status quo zu garantieren oder wiederherzustellen.

Nach dem Zweiten Weltkrieg traten 1945 die **Vereinten Nationen** (UN) an die Stelle des gescheiterten Völkerbundes. Sie haben gegenwärtig 193 Mitglieder (alle völkerrechtlich von allen Ländern anerkannten Staaten mit Ausnahme des Vatikans). Die wichtigsten Ziele der UN sind die **Sicherung des Weltfriedens** und die **Förderung der internationalen Zusammenarbeit**.

Parallel zu den mit welt- oder sicherheitspolitischen Fragen (high politics) befassten Großorganisationen entstanden ab der Mitte des 19. Jahrhunderts eine Fülle von Spezialorganisationen, die u. a. für niederrangige Politikfelder (low politics) eingerichtet wurden. Ihre Entstehung folgte einerseits der industriell-technischen Entwicklung und der damit einhergehenden zunehmenden wirtschaftlichen Verflechtung im entstehenden Weltwirtschaftssystem, andererseits dem Bedarf an Humanisierung der zwischenstaatlichen Politik auf den Feldern Kriegsverhinderung und -führung, Entwicklungspolitik, Umwelt- und Menschenrechtsschutz. Vier Phasen sind dabei unterscheidbar:

Entstehung erster internationaler Verwaltungsgemeinschaften (1840–1890)

In der Regel waren die begründeten internationalen Organisationen Ergebnisse von Kongressen, auf denen allgemein verbindliche Absprachen getroffen und eine materielle Basis für die jeweilige Organisation geschaffen wurden. Grenzüberschreitend geregelt werden mussten insbesondere die Kommunikation und der Gütertransport. Man kann zu Recht von einem industriewirtschaftlichen Gründungsschub sprechen. Hierzu einige Beispiele:

Ein Problem war z. B. die Gewährleistung der Postzustellung im internationalen Rahmen und die Sicherstellung günstiger Posttarife. So wurde z. B. 1867 für den skandinavischen Raum eine Postunion gegründet. 1874 kam es zur Gründung der Allgemeinen Postunion, die 1878 in **Weltpostverein** umbenannt wurde und ihren Sitz in Bern hat.

Zu regeln war auch der **Schutz der Patente und des Urheberrechts**. 1883 wurden deshalb die Pariser Konvention über gewerblichen Rechtsschutz vereinbart und ein Internationales Büro zu dessen Überwachung errichtet. 1886 kam es zur Berner Konvention über den Urheberrechtsschutz.

Anlässlich des 75. Geburtstags des noch heute existierenden Weltpostvereins erschien die Briefmarke mit dem Gründer Heinrich von Stephan.

1879 gab es erst neun internationale Organisationen mit 106 Mitgliedschaften, d. h., jede Organisation hatte durchschnittlich etwa 12 Mitglieder.

Vertiefung und Krise (1890–1940)

Um die Wende zum 20. Jahrhundert war wegen des zunehmenden internationalen Handels und der fortschreitenden **Industrialisierung** ein so hoher Grad an Verflechtung erreicht, dass man von einem in gewisser Hinsicht globalen, allerdings noch immer eurozentrischen Weltwirtschaftssystem sprechen konnte. So wurden 1893 z. B. die beiden Internationalen Büros zum Schutz der Patente und des Urheberrechts zusammengelegt. Hinzu kamen weitere Büros bzw. Institute mit wirtschaftlichen und sozialen Aufgaben.

Das zweite Politikfeld, das Regelungen nötig machte, war der **Krieg** – und zwar hinsichtlich Kriegsverhinderung und Humanisierung der Kriegsführung. Beide Bereiche waren miteinander verbunden. So führte z. B. die rasante Entwicklung der chemischen Industrie im 19. Jahrhundert nicht nur zur Entwicklung immer wirksamerer Dünger und Treibstoffe, sondern auch zur Produktion von Kampfgasen, die im Ersten Weltkrieg eingesetzt wurden. Man versuchte dem Einsatz dieser neuartigen Waffe mithilfe des Genfer Giftgasprotokolls von 1925 Herr zu werden.

Aber schon vorher waren die Staaten bemüht, die schrecklichen Folgen moderner Kriegsführung zu verhindern oder zumindest zu lindern. So führten die Haager Konferenzen von 1899 und 1907 zur ersten umfassenden Kodifizierung des humanitären Völkerrechts (**Haager Landkriegsordnung** 1907) sowie zur Errichtung eines ständigen Schiedsgerichtshofs, der allerdings nur tätig werden konnte, wenn die Konfliktparteien ihn anriefen. Die Gründung des Völkerbundes steht in dieser Tradition, konnte aber den Zweiten Weltkrieg genauso wenig verhindern, wie das humanitäre Völkerrecht dessen Brutalität (Rassenkrieg, Flächenbombardements u. a.) zu mäßigen imstande war.

Bis zum Ersten Weltkrieg stieg die Zahl auf 49 Organisationen mit 754 Mitgliedschaften, was einem Durchschnitt von etwa 15 Mitgliedern entsprach. Dies hängt auch mit der wachsenden Anzahl der Staaten zusammen, ist damit aber nicht ausreichend erklärbar, sondern nur über die funktionelle Notwendigkeit, zu internationalen Regelungen zu kommen. So wuchs die Zahl der Mitgliedschaften pro Staat zwischen 1879 und 1914 im Schnitt von etwa 3 auf knapp 17 an. Der Erste Weltkrieg war eine Zeit der Stagnation: 1919 gab es 53 internationale Organisationen mit 826 Mitgliedern, was aber einen Rückgang bedeutete, da die Zahl der Staaten weiter gestiegen war. Sie waren nun durchschnittlich in 16 Organisationen vertreten. Bis 1929 erhöhten sich die Zahlen dann deutlich. Es gab zu diesem Zeitpunkt 83 Organisationen mit 1 523 Mitgliedschaften (Durchschnitt der Mitgliedschaft pro Staat: 23).

Wachstum und Ausdifferenzierung (1940–1990)

Schon während des Zweiten Weltkriegs wurde darüber verhandelt, wie die Katastrophen der ersten Hälfte des 20. Jahrhunderts – Krieg, Völkermord, Weltwirtschaftskrise – in Zukunft verhindert werden könnten. Dementsprechend kam es neben der Gründung der UN zur Errichtung weiterer IGOs.

Die Nachkriegszeit war vom weltumspannenden Gegensatz der beiden Supermächte UdSSR und USA geprägt, die ein militärisch abgesichertes Blocksystem errichteten. Im Nordatlantikraum wurde 1949 im Westen die **NATO** gegründet. Weitere Militärpakte zur „Eindämmung" der Sowjetunion (Containmentpolitik) durch die USA und ihre Verbündeten waren im Pazifik der ANZUS-Pakt (1951–1986) sowie im südostasiatischen Raum die SEATO (1954–1977). Der **Warschauer Pakt** (1955–1991) war das östliche Gegenstück zur NATO. Immerhin gelang es aber, in der Phase der Entspannungspolitik zu Rüstungsbegrenzungsabkommen (SALT I 1969 und II 1979) und Abrüstungsverhandlungen (INF-Vertrag 1987) zu gelangen sowie 1973 die „Konferenz für Sicherheit und Zusammenarbeit in Europa" durchzuführen, deren Schlussakte von 1975 u. a. konkrete Maßnahmen zur Vertrauensbildung auf sicherheitspolitischem Gebiet festlegte.

Neben der Verteidigungspolitik spielten insbesondere Handels- und Währungsfragen eine große Rolle. Schon 1944 wurden in Bretton Woods die Konvertierbarkeit der Währungen festgelegt und unter anderem der **Inter-**

nationale Währungsfonds (IWF) sowie die **Weltbank** geschaffen. Das Dollar-basierte System geriet allerdings in den 1970er-Jahren in die Krise. Auch das Allgemeine Zoll- und Handelsabkommen **(GATT)** wurde 1947 geschlossen, ist aber erst seit der Errichtung des GATT-Rats im Jahr 1960 mehr als ein Vertragssystem. In Westeuropa wurden 1951 die **Europäische Gemeinschaft für Kohle und Stahl** (EGKS; Montanunion) sowie 1957 mit den Römischen Verträgen die **Europäische Atomgemeinschaft** (EAG; Euratom) und die **Europäische Wirtschaftsgemeinschaft** (EWG) gegründet und 1965 in den **Europäische(n) Gemeinschaft(en)** zusammengeführt sowie 1986 mit der „Einheitlichen Europäischen Akte" um die „Europäische Politische Zusammenarbeit" (EPZ) ergänzt. Die Geschichte der EU (s. S. 63 ff.) ist zugleich die Geschichte einer Weiterentwicklung von IGOs zu einer supranationalen Organisation. Die wirtschaftliche Integration des Ostblocks sollte seit 1949 der „Rat für gegenseitige Wirtschaftshilfe" (RGW) leisten.

Völlig neu ist die Einrichtung von IGOs im Kontext des **Menschenrechtsschutzes**. Die Schrecken der NS-Herrschaft führten zu internationalen Gerichtsverfahren (Nürnberger Prozesse), zur Kodifizierung der Menschenrechte und zu Militäreinsätzen im Rahmen eines UN-Mandats. War es auch nicht gelungen, einen Katalog von Menschenrechten in die UN-Charta zu integrieren, so machte diese doch den Schutz der Menschenrechte zu einer originären Aufgabe der UN und damit zur Verpflichtung ihrer Mitgliedstaaten. Und die UN selbst bietet einen organisatorischen Rahmen für die Behandlung von Menschenrechtsfragen. Schon 1948 erfolgte die Verabschiedung der **„Allgemeinen Erklärung der Menschenrechte"** durch die Generalversammlung, der 1966 die beiden Pakte über staatsbürgerliche und politische Rechte sowie über wirtschaftliche, soziale und kulturelle Rechte folgten.

Eleanor Roosevelt mit der Allgemeinen Erklärung der Menschenrechte

Aus einer zunächst eher politisch-moralischen Verpflichtung wurde so ein festes Vertragssystem. Schon einen Tag vor der Annahme der Allgemeinen Erklärung der Menschenrechte hatte die Generalversammlung die „Konvention über die Verhütung und Bestrafung des Völkermordes" angenommen, die 1951 in Kraft trat. Die Konvention verpflichtet die Staaten, Völkermord zu ahnden und damit durch ihre nationalen Gerichte zu verfolgen. Die Errichtung eines internationalen Strafgerichts gelang damals noch nicht. Jedoch konnte die UN-Menschenrechtskommission (1946–2006) über ihre regelmäßigen Berichte Druck ausüben. Mit dem Zivilpakt wurde darüber hinaus der UN-Menschenrechtsausschuss eingerichtet, der auch Individualklagen annehmen kann.

Auf regionaler Ebene wird der Menschenrechtsschutz z. B. in Europa durch den Europarat (1949) und die Europäische Menschenrechtskonvention (1950) sowie die Europäische Sozialcharta (1961) abgesichert. Klagen von Staaten und Individuen sind seit 1959 vor dem Europäischen Gerichtshof für Menschenrechte möglich.

Mit der **Dekolonialisierung** wuchs auch das Bewusstsein für regionale Disparitäten, was zur Gründung einer Fülle von IGOs führte. Zur Weltbankgruppe gehören z. B. seit 1956 die „Internationale Finanzkorporation" (IFC) und seit 1960 die „Internationale Entwicklungsorganisation" (IDA). Auch die UN hat Sonderorganisationen in diesem Politiksektor: das „Entwicklungsprogramm der Vereinten Nationen" sowie den „Internationalen Fonds für landwirtschaftliche Entwicklung" (1977). 1964 wurde die „Welthandels- und Entwicklungskonferenz der UN" (UNCTAD) gegründet, 1966 die „Organisation für industrielle Entwicklung" (UNIDO).

Als weiteres Politikfeld rückte der **Umweltschutz** in den Blick. So wurden 1971 in Ramsar die „Konvention über den Schutz von Feuchtgebieten", 1973 das „Washingtoner Artenschutzabkommen" und 1987 das „Montrealer Protokoll über Substanzen, die die Ozonschicht schädigen" unterzeichnet.

Die Zahlen verdeutlichen, wie rapide die Verflechtung bis zur Mitte der 1980er-Jahre zunahm. Zwar führten die Weltwirtschaftskrise und der Zweite Weltkrieg zunächst wieder zu einer Stagnation: 1945 gab es 82 Organisationen mit 1 560 Mitgliedschaften. Aber schon 1949 schnellte die Zahl der IGOs auf 123 hoch, die Zahl der Mitgliedschaften eines Staates erhöhte sich auf über 30. 1985 erreichte die Zahl der Organisationen ihren Höchststand von 378.

Weltinnenpolitik nach dem Ende des Ost-West-Konflikts (seit 1990)

Mit dem Ende des Ost-West-Konflikts und der Sowjetunion hat ein bis dahin zentrales Politikfeld zumindest vorübergehend an Bedeutung verloren: die

Einrichtung oder Erhaltung von IGOs zur Wahrung der Sicherheit von Staaten. Zugleich schien die UN an Bedeutung zu gewinnen und konnte Aufgaben bündeln, die vorher über mehrere Organisationen verstreut waren.

Grundlegend hat sich das **sicherheitspolitische Feld** gewandelt. Als große Militärorganisation ist allein die NATO übrig geblieben, während sich der Warschauer Pakt 1991 aufgelöst hat. Die Konferenz für Sicherheit und Zusammenarbeit in Europa (KSZE) wurde 1994 in die Organisation für Sicherheit und Zusammenarbeit in Europa (OSZE) umgewandelt. Ob daraus eine Art „Europa-UN" wird, ist ebenso wenig absehbar, wie derzeit die Frage beantwortbar ist, inwieweit sich die 1992 vollzogene Umwandlung der EG in die EU sowie deren Erweiterung auf nunmehr 28 Mitglieder auswirken wird. Die EU als supranationale Organisation trat aber mit der Verfassungsdebatte und dem Vertrag von Lissabon in ein neues Stadium der Integration ein, zu der nun auch maßgeblich Sicherheitsfragen gehören.

Mit der europäischen Einigung ist zugleich das **wirtschaftliche Feld** betreten. Während die EU 1992 den gemeinsamen Binnenmarkt und mit der Einführung des Euro 1999 bzw. 2002 eine gemeinsame Währung schuf, wurde in Nordamerika zum 1. 1. 1994 zwischen den USA, Mexiko und Kanada eine Freihandelszone errichtet (NAFTA). Auch die Debatte um TTIP, das transatlantische Freihandelsabkommen zwischen den USA und der EU, spiegelt die Komplexität einer immer stärker verflochtenen Wirtschaft wider.

In Fragen des **Menschenrechtsschutzes** unterzeichneten 1998 insgesamt 120 Staaten das Statut über den Internationalen Strafgerichtshof mit Sitz in Den Haag, nachdem von der UN schon 1993 und 1994 internationale Kriegsverbrechertribunale in Anlehnung an die Nürnberger und Tokioter Prozesse eingerichtet worden waren, um Kriegsverbrechen und Völkermord im ehemaligen Jugoslawien und in Ruanda zu ahnden. 1993 war das Hochkommissariat der Vereinten Nationen für Menschenrechte (UNHCR) gegründet worden.

Auch in der **Entwicklungs- und Umweltpolitik** verstärkten sich die Aktivitäten der UN-Sonderorganisationen und deren Unterorganisationen. Zu bedeutenden Neugründungen von IGOs ist es deshalb nicht gekommen, sondern zu Aufgabenverschiebungen bzw. zur Bündelung von Aktivitäten und zur Zusammenlegung von Organisationen. So engagiert sich die zum 1. 1. 1995 aus dem GATT hervorgegangene Welthandelsorganisation (WTO) auch auf dem Feld des Umweltschutzes, für den Schutz des Urheberrechts sowie im Bereich der Handelspolitik.

In den Zahlen ist diese Entwicklung ebenfalls nachvollziehbar. Gab es 1985 insgesamt 378 Organisationen, ist deren Zahl seitdem rückläufig. 1999 waren es noch 252 Organisationen, 2010 nur noch 240.

2.3 Struktur der Internationalen Regierungsorganisationen

Grundsätzlich werden IGOs durch eine übereinstimmende Willensäußerung von Völkerrechtssubjekten (i. d. R. Staaten) gegründet. Dabei ist es egal, welches staatliche Organ (z. B. Regierungsvertreter, Parlamente) diesen Akt vollzieht. Allerdings muss seine völkerrechtliche Legitimation dazu vorhanden sein. Der Regelfall ist der Abschluss eines völkerrechtlichen Vertrags (Charta, Satzung), in dem neben dem Namen und den Zielen der Organisation auch ihre Binnenstruktur und Finanzierung sowie die Rechte und Pflichten der Mitglieder festgelegt werden.

Bei allen Unterschieden in Größe und Zielsetzung gibt es doch eine **typische Organisationsstruktur und im Kern ähnliche Organe**. Die wichtigsten sind eine Plenarversammlung der Mitglieder (Generalversammlung, Ministerrat) und ein Sekretariat, das die laufenden Geschäfte abwickelt. Während in der Versammlung alle wesentlichen Beschlüsse gefällt werden, setzt das Sekretariat diese um. An seiner Spitze steht zumeist ein Direktor oder Generalsekretär, der intern den Mitarbeitern vorgesetzt ist und die Organisation nach außen vertritt. Es ist aber auch eine kollegiale Lösung (Kommission) denkbar.

Je größer und komplexer die Organisation und deren Aufgaben sind, desto wahrscheinlicher ist es, dass weitere Organe dazukommen:

- ein Exekutivrat für die Kontrolle der Verwaltung und die notwendigen Beschlüsse zwischen den Plenarsitzungen (Verwaltungsrat)
- Unterausschüsse bzw. spezialisierte Unterorgane
- ein Gerichtshof zur Streitschlichtung zwischen den Mitgliedern
- ein Vertretungsorgan für Nichtregierungsorganisationen
- eine parlamentarische Versammlung (direkt gewählt oder Vertreter der Länderparlamente)

Diese Ausdifferenzierung kann auch erst im Laufe der Zeit stattfinden.

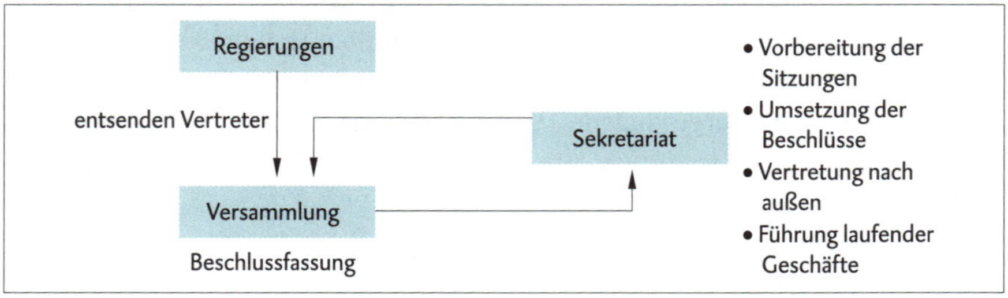

Grundstruktur einer IGO

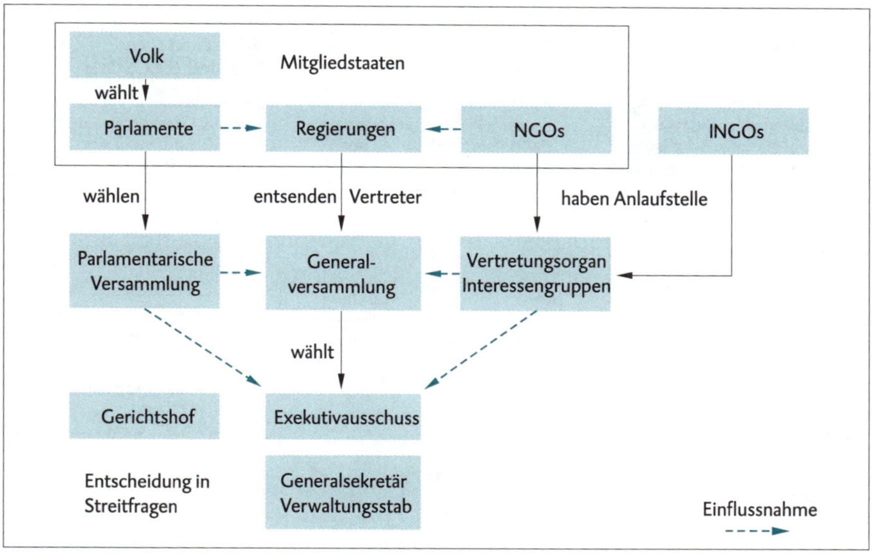

Vollform einer IGO

2.4 Die Vereinten Nationen – Weltorganisation im Wandel

Die wichtigste IGO sind die **Vereinten Nationen** (United Nations, UN). Sie wurden kurz nach Ende des Zweiten Weltkriegs am 26. 6. 1945 in San Francisco gegründet, um die Wiederholung eines solchen Krieges zu verhindern. Gegenwärtig hat die UN 193 Mitgliedstaaten. Ihr Hauptziel ist die Sicherung des Weltfriedens und der internationalen Sicherheit (Charta Art. 1). Dazu haben sich die Mitgliedstaaten freiwillig in ein System kollektiver Sicherheit eingebunden und sich verpflichtet, auf Gewalt zu verzichten, wenn die Gewaltanwendung nicht der Selbstverteidigung oder der Wiederherstellung des Friedens nach vorheriger Ermächtigung durch die UN dient (Charta Art. 2). Gegen Friedensstörer können auf Basis der UN-Charta auch andere Sanktionen (z. B. Handelsbeschränkungen) ergriffen werden.

Die UN hat sechs **Hauptorgane** und verfügt über **Nebenorgane** (z. B. Kinderhilfswerk: UNICEF; Flüchtlingskommissar: UNHCR) und **Sonderorganisationen** (z. B. Organisation der Vereinten Nationen für Erziehung, Wissenschaft und Kultur: UNESCO; Weltgesundheitsorganisation: WHO). Diese spiegeln auch die Veränderungen infolge der Aufnahme der entkolonialisierten Länder in die UN wider. Die UN bildet mit ihren Unterorganisationen ein höchst komplexes System weltweiter Leistungsverwaltung in den Politikfeldern Entwicklungs- und Sicherheitspolitik (inkl. „friedenserhaltende Operationen"), Rüstungskontrolle, Menschenrechtsschutz u. v. m.

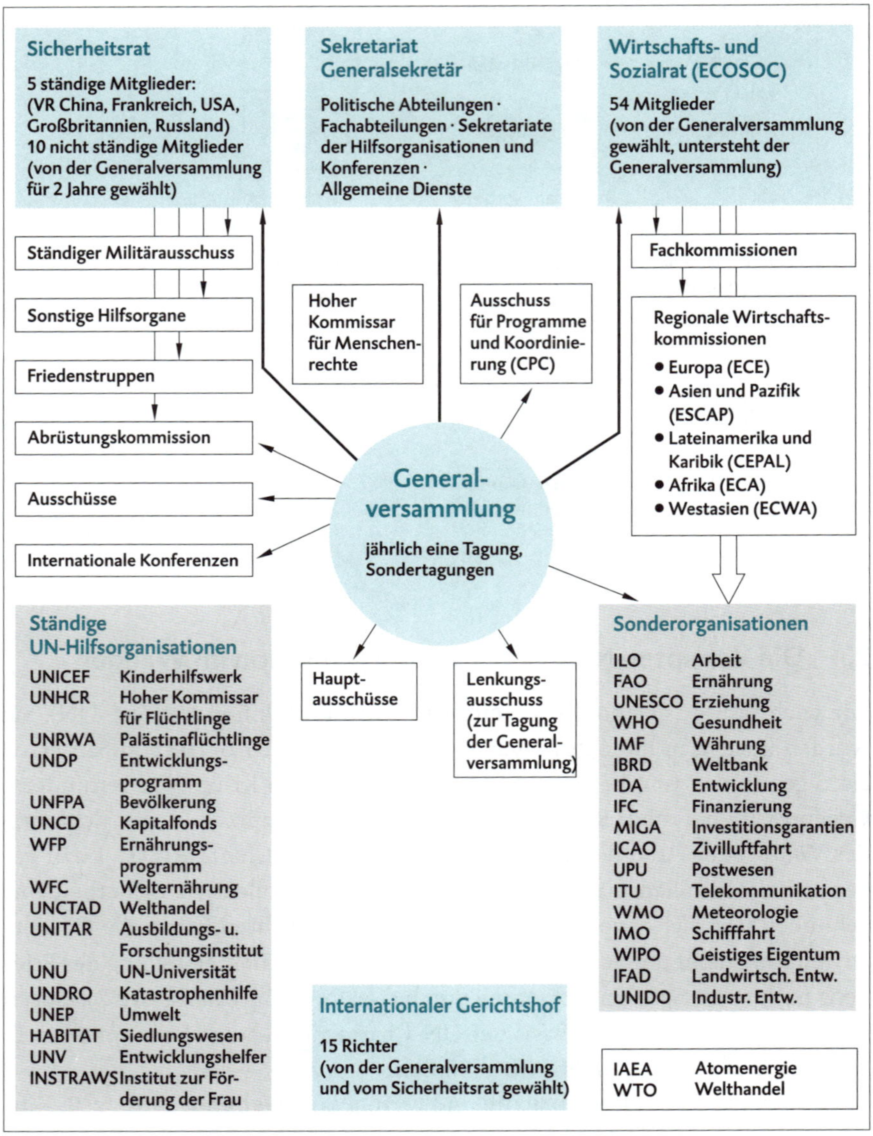

Die Vereinten Nationen

Hauptorgane der UN

In der **Generalversammlung** (General Assembly) sind alle 193 Mitgliedsländer über einen Sitz repräsentiert. Sie tritt jedes Jahr im September bzw. auf Antrag des Sicherheitsrats oder der Mehrheit der UN-Mitglieder zu einer Sondersitzung zusammen. Sie entscheidet über die Aufnahme neuer Mitglieder, verabschiedet den UN-Haushalt und wählt u. a. die nicht ständigen Mitglieder des Sicherheitsrats sowie – auf Vorschlag des Sicherheitsrats – den Generalsekretär. Darüber hinaus kann sie nicht bindende Empfehlungen verabschieden.

Der **Sicherheitsrat** (Security Council) mit seinen 15 Mitgliedern ist oberstes Exekutivorgan. Er beschließt mit mindestens neun Stimmen u. a. über die Frage, wann der Weltfriede gestört ist, und kann dann Sanktionen verhängen. Die nicht ständigen Mitglieder werden auf zwei Jahre von der Generalversammlung gewählt. Jedes Jahr werden fünf Staaten neu gewählt, sodass sich überlappende Amtszeiten ergeben. Die Wahl erfolgt nach regionalen Kriterien (drei Mitglieder aus Afrika, je zwei aus Asien, Lateinamerika und Westeuropa bzw. der westlichen Welt und eines aus Osteuropa). Das Vetorecht, das den Großmachtstatus (alle ständigen Mitglieder sind auch Atommächte) widerspiegelt, führte im Ost-West-Konflikt zu einer Lähmung des Sicherheitsrats. Dessen Beschlüsse sind nämlich nur gültig, wenn alle fünf ständigen Mitglieder (USA, Großbritannien, Frankreich, Russland und China) zustimmen oder sich enthalten. So können einzelne Veto-Mächte verhindern, dass die UN tätig wird (z. B. ist ohne Unterstützung oder Duldung durch Russland keine Intervention der UNO in Syrien möglich).

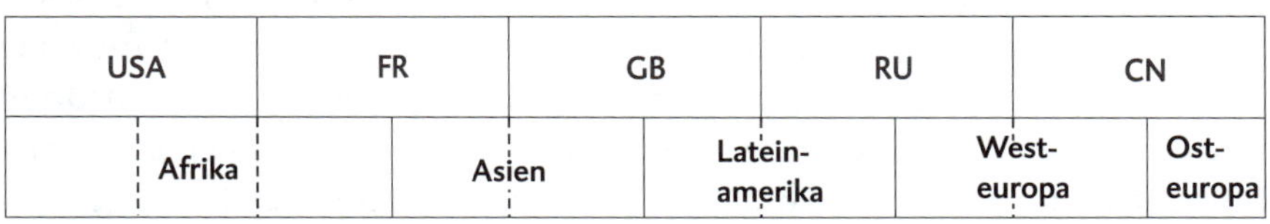

Der UN-Sicherheitsrat

Der **Generalsekretär** ist der höchste UN-Beamte. Er steht dem Sekretariat vor und wird auf fünf Jahre ernannt. Neben seinen Verwaltungsfunktionen kann er auch politische Akzente setzen, was von den bisherigen Generalsekretären auf je eigene Art gemacht wurde. Seit 2007 ist Ban Ki-moon Generalsekretär.

Der **Internationale Gerichtshof** (IGH) in Den Haag hat die Aufgabe, Rechtsstreitigkeiten zwischen Staaten zu regeln. Die 15 Richter werden vom Sicherheitsrat und von der Generalversammlung auf neun Jahre gewählt. Der IGH ist nicht identisch mit dem Internationalen Strafgerichtshof (IStGH), der mit Delikten des Völkerstrafrechts befasst ist (s. S. 102).

Dem **Wirtschafts- und Sozialrat** (ECOSOC) sind mehrere Spezialorganisationen untergeordnet, wie z. B. der Internationale Währungsfonds (IWF), die Weltbank und die Welthandelsorganisation (WTO).

Der **Treuhandrat** besteht aus den fünf ständigen Mitgliedern des Sicherheitsrats. Er ist seit 1994 funktionslos, da es keine Treuhandgebiete mehr gibt. Das letzte unter treuhänderischer Verwaltung stehende Territorium war Palau.

Herausforderungen und Reformbedarf der UN

Jahrzehntelang durch den Ost-West-Gegensatz mehr oder weniger gelähmt, steht die UN heute vor der Frage ihrer Weiterentwicklung. Sie muss einen Weg finden, sich von einer Organisation von Staaten zu einer Organisation der internationalen Gemeinschaftswelt zu wandeln. Ihre zentrale Aufgabe ist die global governance, d. h. die Regelung der Weltangelegenheiten (z. B. Weltfrieden, Klimaschutz, Schutz der Menschenrechte) ohne förmliche Weltregierung, dafür aber in Abstimmung mit den Interessen staatlicher und nicht staatlicher Akteure vielfältiger Art (s. S. 27 ff.). Es geht dabei um eine dauerhafte **Transformation** der internationalen Beziehungen mittels konfliktreicher Aushandlungsprozesse hin zu universal gültigen Regeln und Normen. Gegenwärtig wird die UN als Organisation kollektiver Sicherheit, u. a. durch das Phänomen der **„Neuen Kriege"** in scheiternden (failing) bzw. gescheiterten (failed) Staaten und durch den **internationalen Terrorismus** herausgefordert.

Ob die internationalen Beziehungen tatsächlich dauerhaft friedlich, gerecht und ökologisch nachhaltig gestaltet werden können und welche Rolle dabei die UN haben könnte, wird kontrovers diskutiert. Vertreter **realistischer Positionen**, die von Anarchie und Eigeninteressen in der Staatenwelt ausgehen, sind skeptisch. Sicherheit kann nach dieser Sicht nur von den Staaten selbst gewährleistet werden – und damit machten sich diese auch nicht freiwillig zugunsten einer Weltregierung überflüssig. Vertreter **liberaler Positionen** sehen hingegen durch die jetzt schon immens hohe Regelungsdichte und Institutionalisierung der internationalen Beziehungen zumindest in einigen Politikfeldern einen Point of no return erreicht, von dem aus alles auf eine stärkere Vergemeinschaftung hinausläuft – sei es als „Weltordnung", sei es gar in Form einer „Weltinnenpolitik" mit der UN als einer Art „Weltregierung". Vertreter **marxistischer Positionen** kritisieren vor allem die Ohnmacht der UN bei der Regelung der Weltwirtschaft und die Entwicklungsdisparitäten, die eine gerechte Weltinnenpolitik unmöglich machen. Vertreter **konstruktivistischer Positionen** wiederum thematisieren den Zusammenhang von institutionellem Kontext und ideellen Konzepten. Es zeigt sich, dass weiche Regelungen, die durch einen länger andauernden Aushandlungsprozess zustande gekommen sind und damit stärker internalisiert wurden, eher eingehalten werden als mit Sanktionen bewehrte harte Regelungen, die gegen Widerstand durchgesetzt werden müssen. Zentral ist damit für die Entwicklung von global governance ein Bewusstseinswandel, eine Form normbildender Sozialisation.

Aus den sich verändernden Aufgaben und dem sich ebenfalls wandelnden internationalen System ergibt sich auch ein enormer **Reformbedarf**, der in mehreren Anläufen und auf verschiedenen Ebenen in Angriff genommen wurde, zugleich aber auf viele Probleme stößt: So ist z. B. die Hauptaufgabe der Friedenssicherung in vielerlei Hinsicht nicht ohne Weiteres zu realisieren. Zum einen stehen viele Konflikte im Kontext der Interessensdivergenzen der Großmächte, was ein Agieren der UN erschwert (Vetorecht im Sicherheitsrat). Zum anderen ist die UN darauf angewiesen, dass ihre Mitglieder ihr die Mittel bereitstellen, die sie benötigt, um **friedenserhaltende oder -erzwingende Maßnahmen** überhaupt durchführen zu können (z. B. für „Blauhelm"-Einsätze). Die UN kann mit Zustimmung des Sicherheitsrats zur Friedenssicherung (= peace keeping) entweder unbewaffnete Beobachtermissionen oder bewaffnete Friedenstruppen entsenden. Die Truppen unterstehen dem Oberbefehl des Generalsekretärs, werden aber von einem nationalen Befehlshaber geleitet. Sie sind erst einsetzbar, wenn die Konfliktparteien zustimmen. Die Truppen müssen unparteiisch sein und dürfen ihre Waffen nur zur Selbstverteidigung einsetzen. Allerdings ist damit auch die Effektivität der „Blauhelm"-Einsätze im Zweifel gering, sodass verstärkt über Kampfeinsätze zur Friedenserzwingung (= peace enforcing durch „Grünhelm"-Truppen) nachgedacht wird. Damit werden die Truppen jedoch Kriegsparteien, was besonders bei innerstaatlichen Konflikten problematisch ist.

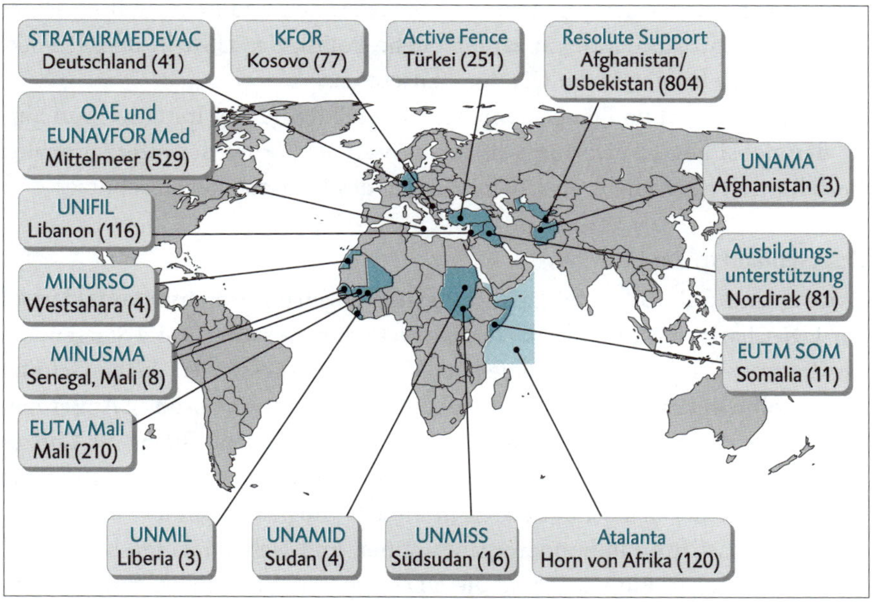

Bundeswehreinsätze im Rahmen von UN, NATO und EU 2015 (Zahlen der Soldaten in Klammern)

Reforminitiativen zielen daher regelmäßig auf die Umgestaltung der wichtigsten UN-Organe, insbesondere des Sicherheitsrats. Eine vom damaligen Generalsekretär Kofi Annan eingesetzte Kommission schlug 2004 dazu folgende Reformen vor: Der Sicherheitsrat sollte zusätzlich um sechs ständige Mitglieder erweitert werden (u. a. Brasilien, Indien, Deutschland, Japan). Alternativ wurde eine Rotation halb-ständiger Mitglieder vorgeschlagen. Auch stellte man das Vetorecht infrage, um die UN handlungsfähiger zu machen. Diese Reform scheiterte jedoch.

Weitere Reformvorschläge betreffen ein grundlegendes Problem: Die UN-Charta geht prinzipiell von der souveränen Gleichheit ihrer Mitglieder aus, die aber keineswegs einer realen Gleichheit (z. B. in Bezug auf Wirtschaftsleistung und militärische Möglichkeiten) entspricht. Dieses Ungleichgewicht der Länder hat politische Folgen. Schwächere Länder brauchen eher die Unterstützung der UN und sind daher auch eher für deren Stärkung, während mächtigere Staaten eher auf Selbsthilfe setzen können. Demgemäß werden aber auch Kompetenzen und Ressourcen anders an die UN delegiert, was dann an der jeweiligen Ausgestaltung des UN-Mandats abzulesen ist.

Auch die UN-Verwaltung ist reformbedürftig, weil sie hoch komplex und bürokratisiert und damit extrem schwerfällig ist. Wie abhängig die UN von ihren finanzstarken Mitgliedstaaten ist, zeigt sich besonders dann, wenn diese sich weigern, den Vertragspflichten nachzukommen und Beiträge fristgerecht und in vereinbarter Höhe zu zahlen (siehe Politik der USA in den 1990er-Jahren, um Reformen in der UN durchzusetzen).

Dennoch gehen und gingen von der UN eine Reihe von Initiativen im Sinne der global governance aus, was ihren Wert als Forum der internationalen Beziehungen hervorhebt, so z. B. im Bereich des Menschenrechtsschutzes.

Deutschland in der UN

Deutschland fiel 1945 wie Japan unter die sogenannte **Feindstaatsklausel** der UN-Charta, nach der das kollektive Sicherheitssystem für die Staaten, die im Zweiten Weltkrieg Feind eines der Vertragspartner waren, keine Geltung haben sollte (bislang noch nicht aufgehoben, aber faktisch obsolet). Außerdem war infolge der deutschen Teilung fraglich, wer denn Deutschland als Ganzes repräsentieren könne. Erst im Zuge der Entspannungspolitik war 1973 die Aufnahme beider deutscher Staaten in die UN möglich, nachdem schon vorher Mitgliedschaften in Sonderorganisationen und Nebenorganen bestanden. Mit der deutschen Einheit schied die DDR aus und die Bundesrepublik übernahm die alleinige Vertretung Deutschlands. Die Bundesrepublik ist der viertgrößte Beitragszahler (nach den USA, Japan und Frankreich). Aufgrund ihrer wirtschaftlichen Bedeutung und ihres faktischen Engagements in UN-Missionen strebt sie einen ständigen Sitz im UN-Sicherheitsrat an, was jedoch bislang scheiterte.

2.5 Die NATO – Sicherheit im Bündnis

Die NATO (Nordatlantische Vertragsorganisation), gegründet 1949, um die UdSSR draußen (aus Westeuropa), die USA drinnen (in Europa) und die Deutschen (nach dem Zweiten Weltkrieg) unter Kontrolle zu halten – so ein treffendes Bonmot des ersten NATO-Generalsekretärs Lord Ismay –, ist eines der erfolgreichsten Bündnisse der Weltgeschichte – und zurzeit sicher das mächtigste. Sie ist dabei mehr als ein traditionelles Militärbündnis. Die NATO hat neben der militärischen auch eine zivile Struktur und verfügt nicht nur über ein Militärregime mit den entsprechenden Verträgen und Vertragspflichten, sondern auch über eine förmliche Organisation. Sie versteht sich darüber hinaus als Wertegemeinschaft, nicht nur als Militärorganisation.

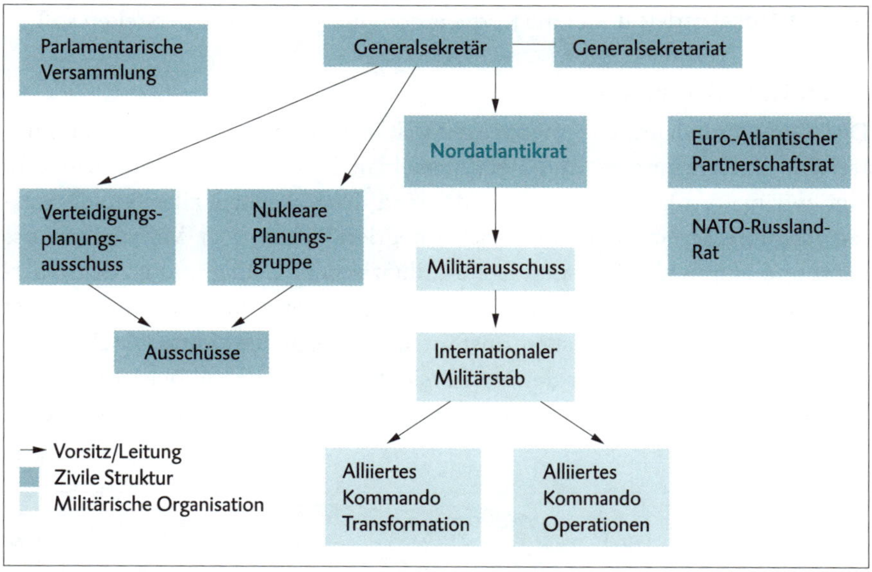

Der Aufbau der NATO

Zivile Struktur

Oberstes Gremium der NATO ist der **Nordatlantikrat** mit Sitz in Brüssel. Er setzt sich aus den ständigen Vertretern aller Mitgliedstaaten (= NATO-Botschafter) zusammen und tagt wöchentlich. Er ist die einzige Instanz, in der politische Fragen behandelt und entschieden werden. Außerdem gibt es auf politischer Ebene halbjährliche Treffen der Außen- und Verteidigungsminister sowie alle drei Jahre Treffen der Regierungschefs und eine Fülle von Ausschüssen und Stäben für spezifische Fragen.

Der **NATO-Generalsekretär** – zurzeit der Norweger Jens Stoltenberg – ist der Vorsitzende des Nordatlantikrats, des Ausschusses für Verteidigungsfragen und der Nuklearen Planungsgruppe. Er leitet das Generalsekretariat und muss für seine vierjährige Amtszeit von allen Mitgliedstaaten einstimmig ernannt werden.

Die **Parlamentarische Versammlung** der NATO, bis 1991 auch „Nordatlantische Versammlung" genannt, tritt zweimal im Jahr zusammen. Ihr gehören zurzeit 257 Parlamentarier aus 28 NATO-Mitgliedstaaten an. Sie ist eine interparlamentarische Organisation und rechtlich unabhängig von der NATO.

Weitere Gremien sind der **Euro-Atlantische Partnerschaftsrat**, der die politische Zusammenarbeit und Vertrauensbildung zwischen den NATO-Staaten und den ehemaligen Warschauer Pakt-Mitgliedern sichert, sowie der **NATO-Russland-Rat**, der die Kooperation mit Russland sicherstellen soll.

Militärische Organisation

Der dem Nordatlantikrat unterstellte **Militärausschuss** ist das höchste militärische Entscheidungs- und Beratungsorgan innerhalb des Bündnisses. Er tagt zweimal im Jahr. Seine Mitglieder sind die Stabschefs aller NATO-Staaten, die ihre Streitkräfte militärisch integriert haben. Der Militärausschuss berät und empfiehlt Maßnahmen auf militärischem Gebiet und ist den Oberbefehlshabern des Bündnisses in Europa und in den USA übergeordnet. Der Internationale Militärstab ist ein ausführendes Organ des Militärausschusses.

Die Kommandostruktur der NATO sieht den operativen Oberbefehl beim Supreme Allied Commander Europe (SACEUR) vor, der immer aus den USA stammt.

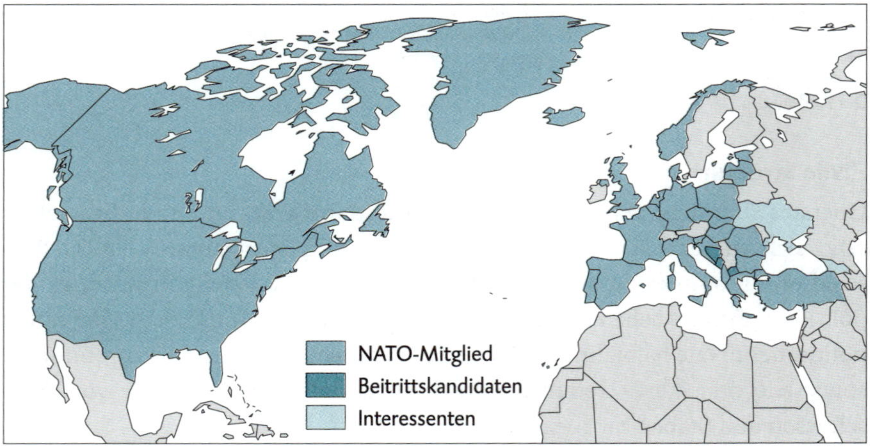

NATO: Mitgliedstaaten und Beitrittskandidaten in Amerika und Europa

Neuorientierung der NATO

Die NATO dient dem Schutz der Bündnispartner vor äußerer Gefahr, aber auch dem Ausgleich zwischen ihnen (z. B. zwischen Griechenland und der Türkei). Nach Ende des Ost-West-Konflikts wurde sie nicht etwa aufgelöst wie der Warschauer Pakt, sondern im Gegenteil durch die Aufnahme mittelosteuropäischer Staaten vergrößert. Zugleich haben sich jedoch mit dem grundlegenden Wandel des Sicherheitsfeldes in Europa auch die institutionellen Grundlagen und Aufgaben der NATO verändert. So hat sie z. B. 1991 mit ihren ehemaligen Gegnern eine sicherheitspolitische Zusammenarbeit vereinbart und ihnen 1994 eine Partnerschaft für den Frieden (PfP) angeboten. 2002 wurde der **NATO-Russland-Rat** ins Leben gerufen.

	alte NATO	neue NATO	NATO-Partnerschaft
Mitgliedschaft	abgeschlossen, intergouvernemental	abgeschlossen, intergouvernemental	offen, intergouvernemental
Sicherheitsbegriff	traditionell	traditionell	umfassend
Entscheidung	konsensual, ergebnisorientiert	konsensual, ergebnisorientiert	konsensual, gesprächsorientiert
Flexibilität	gering (Bündnispflicht)	hoch (je nach Fall)	hoch (je nach Fall)
Zentralisierung	gering	gering	gering

Nato im Wandel

Die NATO hat sich also gewandelt von einem Bündnis, das im Ernstfall umgehend reagieren können musste, hin zu einer offeneren Struktur, die auch Nichtmitglieder an Entscheidungen beteiligt, die für die europäische und angrenzende Sicherheitsarchitektur relevant sind. Bemerkenswert ist, dass der Bündnisfall nach Art. 5 des Bündnisvertrags das erste Mal nach Ende des Ost-West-Konflikts erklärt wurde (nach den Terroranschlägen vom 11. 9. 2001). Die **Militäreinsätze der NATO** sind allesamt neueren Datums.

Insgesamt wird nach Wegfall des Ost-West-Konflikts deutlich, dass die Bündnispartner der NATO höchst unterschiedliche sicherheitspolitische Interessen haben. Damit die NATO überhaupt aufrechterhalten werden konnte, musste sie ihre Struktur flexibler machen. Massive Militäreinsätze der NATO sind nur denkbar, wenn sich die Bündnispartner grundlegend bedroht fühlen. Das schließt nicht aus, dass einzelne Mitgliedstaaten von sich aus handeln („Koalition der Willigen") oder das Bündnis sich wie beim Libyen-Einsatz 2011 zumindest zum Teil in die Pflicht nehmen lässt. Ob die NATO damit zum „Weltpolizisten“ wird, ist eine der gegenwärtigen Debatten um die Zukunft des Bündnisses. Den einen ist die Dominanz der USA zu hoch, andere **bezweifeln grundsätzlich** den Sinn des Militärbündnisses nach Ende des Ost-West-Konflikts. Für sie ist es ein Instrument westlicher Machtpolitik.

Operation	Beteiligung im Bündnis	Mitteleinsatz der NATO
Bosnien und Herzegowina (1995–2004)	konsensual, breite Beteiligung	hoch: Kampfeinsatz, Friedenssicherung (IFOR, SFOR)
Kosovo (seit 1999)	konsensual, breite Beteiligung	hoch: Kampfeinsatz, Friedenssicherung (KFOR)
Afghanistan (seit 2001)	konsensual, aber Beteiligung nicht als NATO, sondern an Koalition der USA	mittel: Friedenssicherung (ISAF); keine Kampfeinsätze der NATO
Irak (seit 2003)	nicht konsensual, geringe Beteiligung, z. T. ausdrückliche Weigerung (u. a. Deutschland)	mittel: Ausbildung und Ausrüstung irakischer Sicherheitsorgane; Luft-Boden-Angriffe gegen den IS
Sudan (Darfur) (seit 2005)	konsensual, aber geringe Beteiligung	gering: logistische Unterstützung der Afrikanischen Union
Libyen (2011)	nicht konsensual, aber UN-Mandat, mittlere Beteiligung	mittel: nur Luftraumüberwachung und Luft-Boden-Angriffe
Türkei (seit 2013)	konsensual, aber geringe Beteiligung	gering: Flugabwehr an der türkisch-syrischen Grenze

NATO-Militäreinsätze

Die Bundesrepublik in der NATO

Die Bundesrepublik ist seit 1955 Mitglied der NATO (Pariser Verträge) und damit eingebunden in die Bündnis-Strukturen. Die DDR war dagegen entsprechend der deutschen Teilung und der jeweiligen Blockzugehörigkeit Mitglied des Warschauer Pakts. Seit der Wiedervereinigung gehört ganz Deutschland der NATO an. In den **„2 + 4-Gesprächen“** 1990 war das heftig umstritten, aber die UdSSR stimmte letzten Endes zu. Als Gegenleistung erklärte Deutschland den endgültigen Verzicht auf ABC-Waffen, sagte eine starke Truppenreduzierung und die Übernahme der Abzugs- und Unterbringungskosten für die in Deutschland bislang stationierten sowjetischen Truppen zu.

An den NATO-Militäreinsätzen (außer im Irak und in Libyen) waren und sind auch deutsche Truppen beteiligt, ebenso an weiteren Einsätzen im Rahmen der UN (Stand August 2015: ca. 2 900 Bundeswehrangehörige im Auslandseinsatz).

2.6 OSZE – Konferenz zur Friedenssicherung

Die Organisation für Sicherheit und Zusammenarbeit in Europa (OSZE) ist die seit 1. Januar 1995 zu einer festen Organisation umgewandelte frühere „Konferenz für Sicherheit und Zusammenarbeit in Europa“ (KSZE). Diese tagte von 1973 an und rief mit der Schlussakte von Helsinki am 1. 8. 1975 Folgekonferenzen ins Leben, um den Frieden in Europa zu sichern. Zurzeit hat die OSZE 57 Mitgliedstaaten, das sind alle Staaten Europas (außer dem Kosovo), die Nachfolgestaaten der Sowjetunion, zuzüglich der USA, Kanada und der Mongolei. Ihren Sitz hat die OSZE in Wien.

Die OSZE **organisiert kollektive Sicherheit**, allerdings auf eine Region beschränkt und über das Militärische hinausgehend. Ihre Zuständigkeit sieht sie auch in **Wirtschafts-, Umwelt-** sowie in **Menschenrechtsfragen**.

Struktur und Aufgaben der OSZE

Ihre Gremien sind der in einem festen Turnus jährlich wechselnde Amtierende Vorsitzende, der zusammen mit dem Amtsvorgänger und -nachfolger die sogenannte Troika bildet, und der Generalsekretär, der ihm zuarbeitet. Beschlüsse werden vom unregelmäßig stattfindenden Gipfel der Staats- und Regierungschefs gefasst, wohingegen der Ministerrat jedes Jahr tagt.

Neben der politischen und organisatorischen Spitze verfügt die OSZE über einen Ständigen Rat, der jede Woche tagt und politische Entscheidungen vorbereitet, und eine Parlamentarische Versammlung. Des Weiteren gibt es das Forum für Sicherheitskooperation, das sich wöchentlich in Wien trifft und für Rüstungskontrolle zuständig ist, das Büro für demokratische Institutionen und Menschenrechte, u. a. zur Wahlbeobachtung, den Hohen Kommissar für nationale Minderheiten, der bei ethnischen Spannungen präventiv und vermittelnd tätig werden soll, und den Beauftragten für die Freiheit der Medien, der bei Bedrohung der Medienfreiheit eine Art Frühwarnfunktion ausüben soll. Die OSZE kann Missionen und Feldoperationen durchführen.

Schwächen der OSZE

Die OSZE ist zwar auf vielfältigen Ebenen und in etlichen Missionen tätig, so etwa in der Terrorismus- oder Korruptionsbekämpfung, neben mächtigen Organisationen wie der EU oder NATO führt sie jedoch ein bescheidenes Dasein. Die OSZE leidet vor allem an folgenden **Defiziten:** Ihre Mitgliedstaaten sind sich nicht einig, welchen Status sie haben soll. Die Entscheidungen müssen im Konsens getroffen werden. Der Vorsitz und der Generalsekretär haben wenige Kompetenzen. Der Haushalt ist bescheiden. Und schließlich werden die OSZE-Missionen in den betroffenen Ländern nicht gerade mit Freundlichkeit aufgenommen, sind sie doch ein Symbol für Defizite im Bereich Demokratie, Menschenrechtsschutz und Rechtsstaatlichkeit. Dennoch ist die OSZE zugleich ein Instrument für Berichterstattung und Kommunikation, das die Kooperation zwischen den beteiligten Staaten fördert.

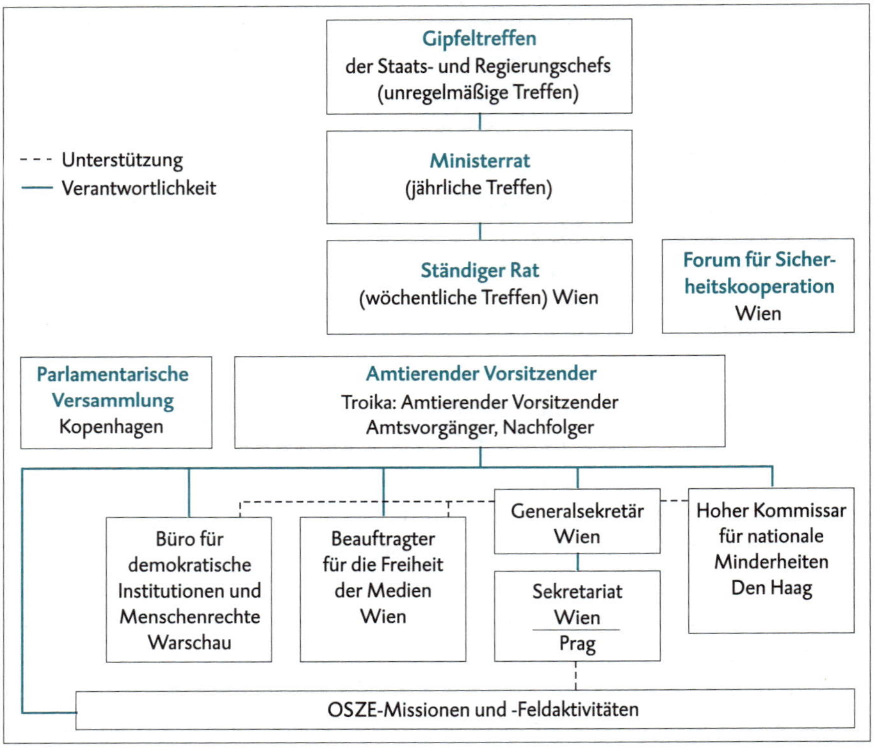

Struktur der OSZE

Deutschland in der OSZE

Deutschland trägt als einer der wichtigsten Geldgeber etwa zehn Prozent des OSZE-Haushalts. Außerdem sind viele deutsche Mitarbeiter in den Missionen der OSZE und in deren Institutionen tätig, z. B. in den Bereichen Wahlbeobachtung, Kampf gegen Diskriminierung und Grenzsicherheit. Deutschland spricht jedoch im Rahmen der OSZE nicht als Einzelstaat, sondern abgestimmt mit den anderen EU-Staaten im Rahmen der Gemeinsamen Außen- und Sicherheitspolitik (GASP). Die offizielle deutsche Außenpolitik betont insbesondere die gemeinsamen Werte, für die die OSZE in Europa steht. Daneben sind vor allem die Stabilitätsgewinne und Kontakte Grund genug, die Organisation zu unterstützen.

3 Die EU als supranationale Organisation

Auch supranationale Organisationen sind internationale Organisationen. Sie werden genauso gegründet und sind vergleichbar organisiert. Der wesentliche Unterschied zu den IGOs besteht darin, dass ihre Beschlüsse nicht nur zwischenstaatlich bindend sind, sondern auch innerhalb der Mitgliedstaaten. Allerdings gilt das nur für die vereinbarten Politikfelder und nicht generell. Das Paradebeispiel einer supranationalen Organisation ist die **Europäische Union** (EU).

Die Entstehung bzw. Entwicklung der EU, d. h. die europäische Integration von ursprünglich sechs und mittlerweile 28 Mitgliedern, ist ein besonderer Vorgang, der bislang einzigartig in den internationalen Beziehungen ist. Das liegt daran, dass nirgendwo sonst Mitgliedstaaten so viele Kompetenzen an eine supranationale Institution übertragen haben oder sie zumindest aufeinander abstimmen und gemeinsam ausüben. Die EU verfügt über supranationale Organe mit eigenständigen Rechten, über einen gemeinsamen europäischen Binnenmarkt, eine nach außen abgestimmte Handelspolitik und – zumindest teilweise – über eine gemeinsame Währung. Europäische Regelungen greifen in nationales Recht ein und gehen ihm sogar vor. Aber die EU ist kein Staat. Dazu fehlen ihr u. a. das Gewaltmonopol, das Besteuerungsrecht und eine Verfassung. Souverän sind die Staaten, die sich in den Verträgen selbst binden, nicht das europäische Volk. Die EU ist ein Phänomen sui generis und damit ein erklärungsbedürftiges Modell von internationaler bzw. supranationaler Organisation der internationalen Beziehungen.

3.1 Geschichtlicher Überblick

Historisch gesehen war es kein geradliniger Weg von der Gründung der Europäischen Gemeinschaft für Kohle und Stahl (EGKS) durch Belgien, die Bundesrepublik Deutschland, Frankreich, Italien, Luxemburg und die Niederlande (1951) über die Römischen Verträge (1957) und die damit verbundene institutionelle Verbreiterung (Europäische Wirtschaftsgemeinschaft: EWG; Europäische Atomgemeinschaft: Euratom) bis zur Fusion der drei Gemeinschaften zur Europäischen Gemeinschaft (EG) und schließlich zur EU des Vertrags von Lissabon. Eine „Finalität" ist nur ex post, nicht jedoch ex ante auszumachen, wenngleich eine gewisse Logik in der geografischen und institutionellen Erweiterung zu liegen scheint:

Im Rahmen der ersten Erweiterung 1973 wurden Dänemark, das Vereinigte Königreich und Irland aufgenommen, 1981 Griechenland. 1986 folgten Portugal und Spanien (Süderweiterung), 1995 Finnland, Österreich und Schweden (Norderweiterung), 2004 dann Estland, Lettland, Litauen, Malta, Polen, die Slowakei, Slowenien, die Tschechische Republik, Ungarn und Zypern, 2007 Bulgarien und Rumänien sowie 2013 schließlich Kroatien.

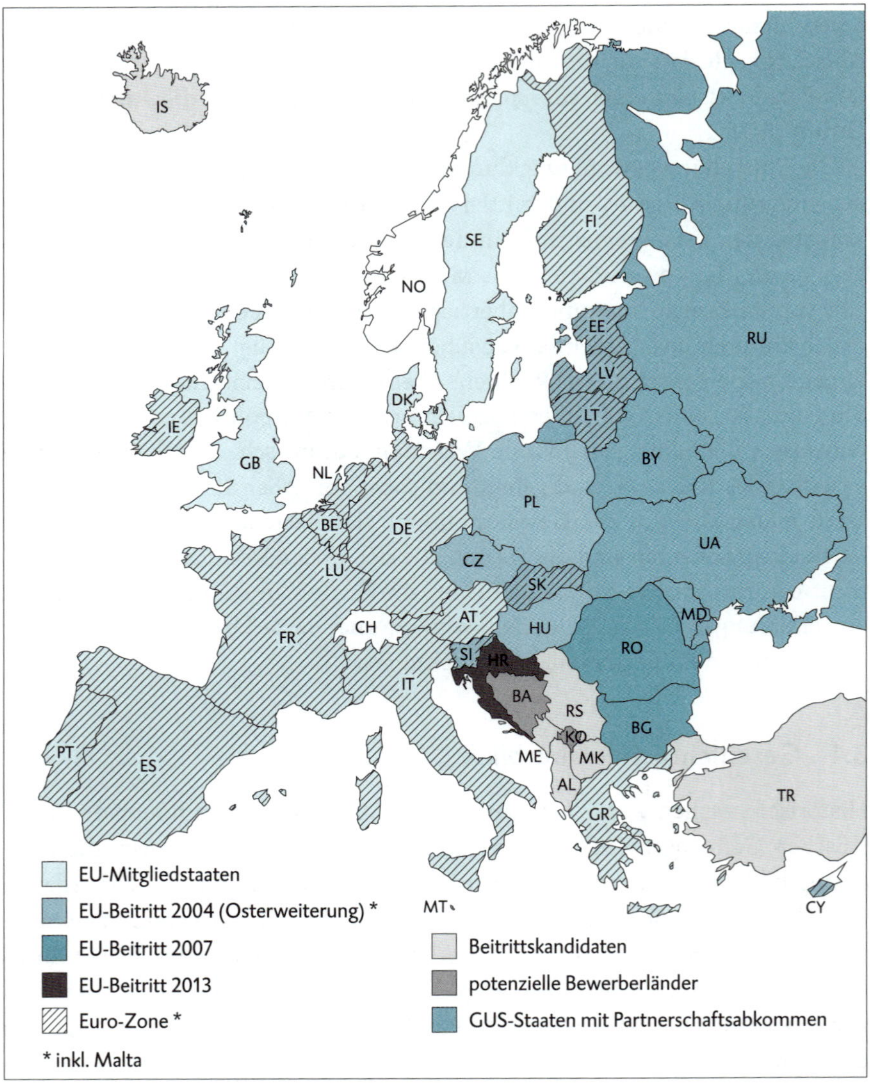

Die EU: Mitgliedstaaten und Beitrittskandidaten

Jede Erweiterungsrunde hatte Folgen für die Arbeitsfähigkeit der Organe der EU und für die Stellung der einzelnen Staaten innerhalb der Entscheidungsgremien. Die Beteiligung von immer mehr Staaten musste zu Belastungen der Entscheidungswege führen, da immer mehr Mitspieler am Tisch saßen. Um die in den 1970er-Jahren grassierende Eurosklerose, d. h. die Selbstlähmung der EU insbesondere nach der Aufnahme Großbritanniens sowie durch die Ölkrise und deren Folgen, zu überwinden und die Integration zu vertiefen, folgten mit jeder Erweiterungsrunde Änderungen an den Vertragswerken:

1979 wurde das Europäische Währungssystem (EWS) ein- und die erste Direktwahl zum Europäischen Parlament durchgeführt. 1986 folgte die Einheitliche Europäische Akte (EEA), mit der der Europäische Binnenmarkt vollendet und die Eurosklerose überwunden wurde. 1992 wurde der Vertrag von Maastricht geschlossen, der die Wirtschafts- und Währungsunion (WWU), eine Gemeinsame Außen- und Sicherheitspolitik (GASP) sowie die Zusammenarbeit in Fragen der Rechts- und Innenpolitik (JI) brachte. Mit den Verträgen von Amsterdam (1997) und Nizza (2001) vertieften die EU-Staaten ihre Zusammenarbeit und regelten die Zusammensetzung der Organe sowie das Stimmgewicht der Staaten innerhalb der Organe neu. Der 2004 verabschiedete Verfassungsvertrag scheiterte 2005 an Referenden in Frankreich und den Niederlanden, sodass statt einer Verfassung ein weiteres Vertragswerk nunmehr das aktuelle Organisationsstatut der EU darstellt: der **Vertrag von Lissabon**, der am 1. 12. 2009 nach der Annahme in allen Mitgliedstaaten in Kraft trat. Mit ihm werden die vorangehenden Verträge – anders als bei der ursprünglich geplanten Verfassung – nicht aufgehoben, sondern lediglich verändert: Folglich heißt er „Vertrag von Lissabon zur Änderung des Vertrags über die Europäische Union und des Vertrags zur Gründung der Europäischen Gemeinschaft, unterzeichnet in Lissabon am 13. Dezember 2007“. Er schreibt die Entwicklungen der vorangehenden Verträge fort und ändert die Kompetenzen der EU-Organe. Weitere Vertragsinhalte betreffen den Schutz der Grundrechte der EU-Bürger **(Charta der Grundrechte der Europäischen Union)**, die Einführung eines Bürgerbegehrens **(Bürgerinitiative)**, die Einrichtung eines „Europäischen Konvents“ für die Arbeit an Änderungen des Vertrags sowie eine verstärkte Zusammenarbeit auch einzelner Mitgliedstaaten in Teilbereichen. Sogar der freiwillige Austritt aus der EU ist nun geregelt. Deutlicher als bisher werden auch die Kompetenzbereiche zwischen EU und Mitgliedstaaten in einem expliziten Kompetenzkatalog abgegrenzt. Und schließlich wird verdeutlicht, dass die EU sich als Wertegemeinschaft versteht, die bestimmte Ziele, wie z. B. Förderung von Frieden und sozialer Gerechtigkeit auf der Basis von Menschenwürde und Demokratie, verfolgt.

3.2 Organe der EU

Der Vertrag von Lissabon definiert die Kompetenzen der EU-Organe zum Teil neu bzw. erweitert sie:

Das **Europäische Parlament** wird in seinen Rechten gestärkt. Es erfährt eine Ausweitung seiner Gesetzgebungskompetenz und ist nunmehr in den meisten Politikbereichen dem Rat der Europäischen Union gleichgestellt, z. B. darf es hinsichtlich der gemeinsamen Agrarpolitik und der polizeilichen und justiziellen Zusammenarbeit in Strafsachen mitentscheiden, nicht jedoch in Fragen der gemeinsamen Außen- und Sicherheitspolitik. Das Parlament entscheidet in der Regel mit absoluter Mehrheit der abgegebenen Stimmen (z. B. Gesetzgebung, Bestätigung des Kommissionspräsidenten). Eine absolute Mehrheit der gewählten Mitglieder ist in der zweiten Lesung bei der Gesetzgebung nötig, eine Zweidrittelmehrheit z. B. bei einem Misstrauensvotum gegen die Kommission. Das Parlament besteht aus höchstens 751 Abgeordneten, von denen einer das Amt des Präsidenten wahrnimmt. Jeder Mitgliedstaat wird durch mindestens sechs Abgeordnete vertreten. Die Zahl nimmt mit der Bevölkerungszahl zu. Deutschland als bevölkerungsreichstes Mitglied der EU verfügt über 96 Sitze. Die Abgeordneten werden alle fünf Jahre von den EU-Bürgern direkt gewählt. Zurzeit gliedert sich das Parlament in sieben Fraktionen, in denen sich die nationalen Parteien repräsentieren.

Dem **Europäischen Rat** der Staats- und Regierungschefs als wichtigstem Entscheidungsgremium in grundlegenden Fragen steht ein von ihm auf zweieinhalb Jahre gewählter Präsident vor. Erster Präsident wurde der frühere belgische Ministerpräsident Herman van Rompuy. Seit Dezember 2014 übt der vormalige polnische Ministerpräsident Donald Tusk dieses Amt aus. Eine Wiederwahl für eine zweite Amtsperiode ist möglich, sodass auf fünf Jahre eine Kontinuität der Entscheidungen im Rat gesichert werden kann. Darüber hinaus vertritt der Präsident des Europäischen Rats diesen nach außen.

Der **Rat der Europäischen Union** (= Ministerrat der jeweiligen Fachminister), der mit dem Europäischen Parlament für die Beschlüsse über die Gesetzgebung zuständig ist, wird von halbjährlich wechselnden Präsidenten aus den Mitgliedstaaten geleitet. Seit 2014 gilt bei Abstimmungen das Prinzip der doppelten Mehrheit (mindestens 55 % der Staaten, die 65 % Unionsbürger repräsentieren müssen), allerdings nicht in Fragen der Außenpolitik und der Steuern. In diesen Bereichen wird weiterhin das Einstimmigkeitsprinzip angewendet. Grundsätzlich ist also immer eine qualifizierte Mehrheit oder Einstimmigkeit nötig.

Jean-Claude Juncker: Präsident der EU-Kommission, Federica Mogherini: Hohe Vertreterin für die Gemeinsame Außen- und Sicherheitspolitik, Donald Tusk : Präsident des Europäischen Rats

Zur Abstimmung einer gemeinsamen Außenpolitik wurde ein **Hoher Vertreter der EU für Außen- und Sicherheitspolitik** eingeführt, der zugleich Vorsitzender des Rats der Außenminister, Außenkommissar und Vizepräsident der Europäischen Kommission ist. Das gibt ihm die Möglichkeit, als eine Art „EU-Außenminister“ selbst die Initiative zu ergreifen. Auf die erste Amtsinhaberin, die Britin Catherine Margaret Ashton, folgte im November 2014 die ehemalige italienische Außenministerin Federica Mogherini.

Die Zuständigkeiten und Rechte der **Europäischen Kommission** bleiben im Kern bestehen oder sind partiell erweitert worden. Sie hat fast durchgehend das alleinige Recht der Gesetzesinitiative. Der Kommissionspräsident, seit 2014 der Luxemburger Jean-Claude Juncker, erhält die ausdrückliche Richtlinienkompetenz und kann einzelne Kommissare entlassen. An der Größe der Kommission wurde nichts geändert, obwohl der Vertrag von Lissabon eine Verkleinerung der Kommission vorsieht. Hier zeigt sich die Realitätsferne dieser Entscheidung – denn welcher Staat lässt sich gerne ein Amt wegnehmen? Außerdem müsste geklärt werden, wie eine Ämterrotation stattfinden kann. Die Kommission wird in einem zweistufigen Verfahren gewählt: Nach der Wahl zum Europäischen Parlament schlägt der Europäische Rat auf Grundlage der Wahlergebnisse dem neuen Parlament einen Kandidaten für das Amt des Kommissionspräsidenten vor. Nach dessen Bestätigung stellt dieser im Einvernehmen mit dem Europäischen Rat die Kommission zusammen, die als Kollektiv vom Europäischen Parlament bestätigt werden muss.

Der **Europäische Gerichtshof** mit Sitz in Luxemburg wurde 1952 eingerichtet. Seine Aufgabe ist, zu gewährleisten, dass das EU-Recht in allen Mitgliedstaaten auf die gleiche Weise ausgelegt und angewendet wird und somit für alle gleich ist. Darüber hinaus ist er zuständig für Rechtsstreitigkeiten zwischen EU-Mitgliedstaaten, EU-Organen, Unternehmen und Privatpersonen.

Die Richter – jeder Mitgliedstaat entsendet einen – sind in Kammern von drei oder fünf Richtern organisiert. Dazu tritt die aus 13 Richtern bestehende „Große Kammer“. Des Weiteren gibt es acht Generalanwälte. Das Gericht beschließt mit Stimmenmehrheit.

Der **Europäische Wirtschafts- und Sozialausschuss (EWSA)** wurde 1957 gegründet. Er ist eine beratende Einrichtung, die Interessengruppen, wie z. B. Arbeitgeber, Gewerkschaften, Landwirte und Verbraucher, vertritt. Diese haben über ihn Zugang zur Kommission, zum Rat und zum Europäischen Parlament, um dort ihren Standpunkt darlegen und ihre Interessen vertreten zu können. Der Ausschuss gehört zwingend zum Entscheidungsprozess der EU, er muss bei Beschlüssen über die Wirtschafts- und Sozialpolitik beteiligt werden. Außerdem hat er in anderen Angelegenheiten das Recht, Stellung zu beziehen. Der EWSA hat derzeit 353 Mitglieder. Die Zahl je Land richtet sich nach dessen Einwohnerzahl (z. B. Deutschland, Frankreich, Italien und das Vereinigte Königreich: je 24 Mitglieder; Malta: 5). Die Mitglieder werden von den Regierungen vorgeschlagen, sind jedoch politisch unabhängig. Ihre Amtsperiode dauert vier Jahre, eine Wiederernennung ist zulässig.

Der **Ausschuss der Regionen** wurde 1994 als beratendes Organ eingerichtet. Er besteht aus Vertretern der regionalen und kommunalen Gebietskörperschaften Europas. Er muss bei allen Fragen, welche die kommunale und regionale Verwaltung betreffen, wie z. B. Regionalpolitik, Umweltschutz, Bildung und Verkehr, angehört werden, bevor Entscheidungen auf EU-Ebene fallen. Der Ausschuss hat 350 Mitglieder, deren Zusammensetzung in etwa derjenigen des EWSA entspricht. Die Ausschussmitglieder sind gewählte Kommunal- oder Regionalpolitiker, häufig Landräte oder Bürgermeister von Großstädten. Sie werden von den Regierungen vorgeschlagen, sind jedoch politisch unabhängig. Sie werden vom Rat der EU auf vier Jahre ernannt, eine Wiederernennung ist zulässig.

Die **Europäische Zentralbank (EZB)** wurde 1998 durch den Vertrag über die Europäische Wirtschafts- und Währungsunion zur Sicherung der Preisstabilität in der Eurozone gegründet und soll in enger Zusammenarbeit mit den nationalen Zentralbanken diese Aufgabe wahrnehmen. Dazu kontrolliert die EZB die Geldmenge und legt die Zinsen in der Eurozone fest. Von den 28 Zentralbanken der EU-Mitgliedstaaten haben sich die 19, deren Staaten den Euro eingeführt haben, im „Eurosystem“ mit der EZB zusammengeschlossen.

Die EZB ist bei der Wahrnehmung ihrer Aufgaben unabhängig. Weder sie noch die nationalen Zentralbanken des Eurosystems noch die Mitglieder ihrer Entscheidungsgremien dürfen Weisungen von anderen Stellen, wie z. B. nationalen Regierungen oder EU-Organen, einholen oder entgegennehmen.

In der Bank ist das Direktorium, bestehend aus dem Präsidenten, dem Vizepräsidenten und vier weiteren Mitgliedern der EZB, das wichtigste operative Organ. Seine Mitglieder werden im gegenseitigen Einvernehmen von den Staats- und Regierungschefs der Länder des Eurozone ernannt. Ihre Amtszeit beträgt acht Jahre, eine Wiederernennung ist nicht zulässig. Das höchste Entscheidungsgremium der EZB ist der Rat der Zentralbankpräsidenten, der über die Geldpolitik entscheidet. Er besteht aus den sechs Mitgliedern des Direktoriums und den Präsidenten der 19 Zentralbanken der Eurozone. Den Vorsitz führt der Präsident der EZB. Daneben gibt es den Erweiterten Rat, der aus dem Präsidenten und dem Vizepräsidenten der EZB sowie den Präsidenten der nationalen Zentralbanken der 28 EU-Mitgliedstaaten besteht. Er beteiligt sich an den Beratungs- und Koordinierungsarbeiten der EZB und an den Vorbereitungen für eine künftige Erweiterung der Eurozone.

Sitz der „Hüterin der europäischen Währung" in Frankfurt

Der **Europäische Rechnungshof** mit Sitz in Luxemburg wurde 1975 gegründet. Seine Mitarbeiter überprüfen den Mitteleinsatz der EU auf Rechtmäßigkeit und wirtschaftliche Sinnhaftigkeit. So soll gewährleistet werden, dass das Geld der Steuerzahler nicht sinnlos verschwendet wird. Zur Erfüllung seiner Aufgaben kann der Rechnungshof die Bücher aller Personen oder Einrichtungen, die Einnahmen oder Ausgaben der EU verwalten, untersuchen, bei Bedarf auch durch Kontrollen vor Ort. Der Rechnungshof besteht aus einem Mitglied je EU-Staat. Die Mitglieder werden vom Rat auf sechs Jahre ernannt und wählen aus ihrer Mitte für drei Jahre einen Präsidenten. Die Amtszeit kann verlängert werden.

Der Rechnungshof ist von allen anderen Organen unabhängig. Er berichtet dem Europäischen Parlament und dem Rat der Europäischen Union in Form eines jährlichen Prüfberichts und nimmt Stellung zu Vorschlägen für EU-Finanzvorschriften und EU-Maßnahmen zur Betrugsbekämpfung.

Alles in allem ist das Institutionengefüge der EU hoch komplex und für Außenstehende schwer zu durchschauen. Dies gilt umso mehr, als die Verfassungsgebung gescheitert ist und so die Verträge herangezogen werden müssen, um die Aufgaben der Organe und die Kompetenzabgrenzung zwischen ihnen zu erfassen.

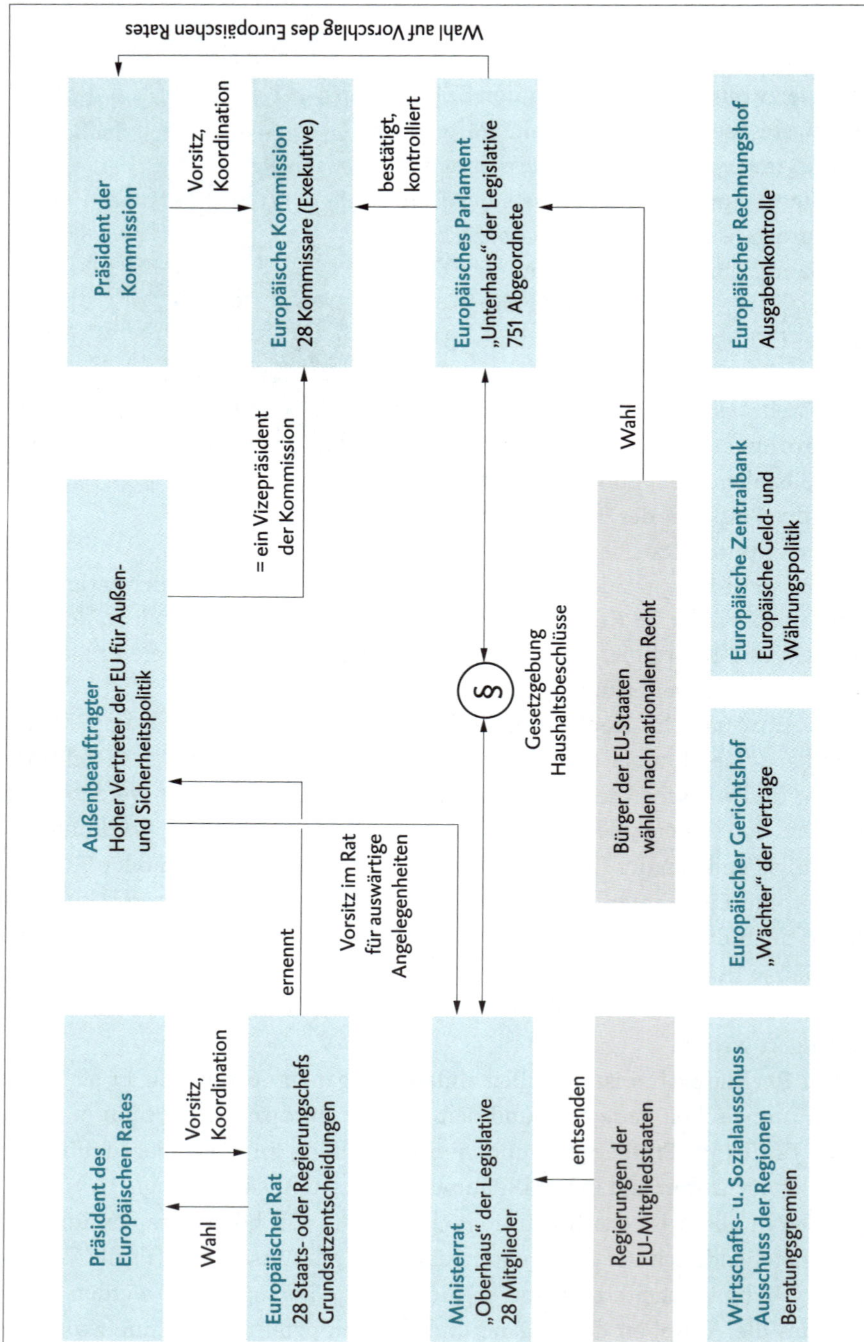

Die Europäische Union nach dem Vertrag von Lissabon

3.3 Die EU in den internationalen Beziehungen

Die EU ist im Kern auf drei zentralen Gebieten tätig, dem **gemeinsamen Binnenmarkt**, der aufeinander abgestimmten **Gemeinsamen Außen- und Sicherheitspolitik** (GASP) und der **Zusammenarbeit im Bereich der Innen- und Justizpolitik**. Alle drei Bereiche wirken sich auf die internationale Staatenwelt aus. Beispielsweise müssen Beitrittskandidaten ihr Wirtschafts- und Rechtssystem EU-kompatibel machen. Am deutlichsten aber ist die Außenwirkung beim Versuch zu erkennen, die Außenpolitiken der Mitgliedstaaten stärker zu koordinieren. Dazu hat die EU mit dem Vertrag von Lissabon nicht nur eine „Außenministerin" berufen, sondern die GASP und die Gemeinsame (früher Europäische) Sicherheits- und Verteidigungspolitik (GSVP statt ESVP) enger verzahnt.

Zwar bleiben auch nach Lissabon die Staaten die Herren der Außenpolitik, aber die Schaffung des Amts des Hohen Vertreters stärkt institutionell die Position der EU. So kann aus einer bloßen Ergänzung der nationalstaatlichen Außenpolitik ein gemeinsames Vorgehen werden, wie es z. B. in der OSZE und in der Generalversammlung der UN schon jetzt der Fall ist. Dennoch darf dabei nicht übersehen werden, dass insbesondere in Krisenzeiten von einer gemeinsamen Außenpolitik der EU nicht gesprochen werden kann, wie z. B. die Flüchtlingssituation im Mittelmehr deutlich macht. Hier gibt es keine einheitliche Politik der EU-Staaten. Während die Mittelmehranrainer Solidarität einfordern, weigern sich einige andere EU-Staaten, höhere Kontingente an Flüchtlingen aufzunehmen.

Dennoch unterhält die EU vielfältige Außenbeziehungen, in denen sie als internationaler Akteur bi- und multilaterale Abkommen schließt, z. B. mit den afrikanischen, karibischen und pazifischen Entwicklungsländern (AKP-Staaten), mit regionalen Freihandelsorganisationen (z. B. NAFTA, EFTA) sowie mit einzelnen Staaten wie z. B. Russland, mit dem sie ein Partnerschafts- und Kooperationsabkommen abgeschlossen hat, sowie mit der Türkei und Israel.

Die Tätigkeitsfelder der EU sind der **Ausbau der nachbarlichen Beziehungen** zu ihren Anrainern und ggf. deren Vorbereitung auf einen EU-Beitritt, die Schaffung eigener militärischer Kapazitäten im Rahmen der GSVP und die Forcierung der **Entwicklungspolitik** mithilfe von Handelsvergünstigungen, z. B. im Cotonou-Abkommen (2000), das mit 77 AKP-Staaten geschlossen wurde. Die außenpolitische Macht der EU zeigt sich hier u. a. darin, dass sich die Partnerländer im Gegenzug für Wirtschaftshilfe dazu verpflichten, demokratische und rechtsstaatliche Mindeststandards einzuhalten.

Auch die EU kann im Licht der Großtheorien der Internationalen Beziehungen analysiert werden, wenngleich sie ein Phänomen sui generis ist. Vertreter **realistischer Ansätze** werden betonen, dass in entscheidenden Fragen die EU noch immer überspielt wurde, d. h., dass im Zweifel einzelstaatliche Interessen Vorrang haben. Die unterschiedliche Positionierung der Mitgliedstaaten zur Flüchtlingssituation im Mittelmeer spricht hier Bände. Vertreter **liberaler Theorien** heben auf die ungeheure Verflechtungsdynamik ab, die längst einen Punkt der Unumkehrbarkeit erreicht habe. Vertreter **marxistischer Ansätze** wiederum werden die Bedeutung der Wirtschaftsmacht in den Vordergrund stellen und die EU als Nutznießer des kapitalistischen Weltsystems verstehen. Ihr Interesse in der Entwicklungspolitik wäre demnach nicht etwa die Aufhebung der Disparitäten, sondern deren Verstetigung. Vertreter **konstruktivistischer Ansätze** werden die europäische Identität thematisieren, die z. B. bei der Aufnahme der Türkei eine wichtige Rolle spielt.

3.4 Kritik an der EU

Im Diskurs um die EU sind mehrere gängige Kritikpunkte zu finden: Die EU sei ein **bürokratisches Monster**, das aus der Ferne unsinnige und bürgerferne Regelungen entwerfe und diese den Bürgern und Mitgliedstaaten aufzwinge. Vergessen wird dabei häufig, dass die Mitgliedstaaten ebenso wie die nationalen Zivilgesellschaften an allen Entscheidungen der EU beteiligt sind.

Beklagt wird auch die **Kompromissfindung**, die gern als faul bezeichnet wird. In der Tat ist die EU eine große Kompromisserzeugungsmaschine, aber das kann auch anders nicht denkbar sein, besteht sie doch aus höchst unterschiedlichen Staaten mit je eigenen Interessen und politischen Kulturen.

Schließlich ist auch das häufig beklagte **Demokratiedefizit** anzusprechen. Dem ist zu entgegnen, dass die Bürger der EU zwar keine EU-Regierung wählen, das Europäische Parlament aber nicht nur Alibirechte hat. Außerdem setzt eine Übertragung von Vollstaatlichkeit an die EU voraus, dass die Bürger und deren Staaten dazu bereit sind. Das ist im Moment kaum vorstellbar.

Zusammenfassend kann man also festhalten, dass das Informationsdefizit über die EU bestimmt nicht kleiner ist als die wirklichen oder vermeintlichen institutionellen Defizite der Union.

3.5 Deutschland in der EU

Deutschland gehört zu den Gründungsmitgliedern der Europäischen Vertragsgemeinschaften und ist das bevölkerungsreichste und wirtschaftlich stärkste EU-Land. In absoluten Zahlen (nicht in Relation zum BIP) ist Deutschland daher der größte Nettozahler der EU, d. h., Deutschland zahlt mehr Geld an die

EU, als es von ihr zurückerhält. Die Transferleistungen entsprechen mit 11,95 Mrd. Euro (2012) etwa 0,44 % des deutschen BIP. Im Gegenzug profitiert die Bundesrepublik als Exportnation jedoch sehr stark vom Binnenmarkt.

Aufgrund der Bevölkerungszahl hat Deutschland mit 96 Sitzen den größten Anteil der Sitze im Europäischen Parlament. Die Bundesrepublik hat jedoch wie alle anderen Mitgliedstaaten nur einen Sitz in der Kommission. Aufgrund ihrer föderalen Struktur sind neben der Bundesregierung auch die Bundesländer vielfältig am politischen Willensbildungsprozess der EU beteiligt.

Das Bundesverfassungsgericht hat in verschiedenen Urteilen (z. B. Solange I, II, Maastricht-Urteil, Lissabon-Urteil) den Standpunkt vertreten, dass eine Aushöhlung der deutschen Staatlichkeit in fundamentalen Politikbereichen, insbesondere was die politische Gestaltung der wirtschaftlichen, kulturellen und sozialen Lebensverhältnisse sowie die demokratische Mitbestimmung der Bürger angehe (u. a. Strafrecht, Polizei, Militär, Steuern, Grundrechte), nicht verfassungskonform sei. Die Grenzen lägen bei der Aufhebung deutscher Staatlichkeit durch Aufgehen in einem Bundesstaat. Damit sind der Integration nach Ansicht des Bundesverfassungsgerichts eindeutige verfassungsrechtliche Grenzen gesetzt. Schon jetzt gilt aber, dass das Europarecht, d. h. die Rechtsetzung der EU (früher Gemeinschaftsrecht), in allen Mitgliedstaaten Gültigkeit und Vorrang vor nationalem Recht hat. Es muss also nicht in einem besonderen Verfahren in Kraft gesetzt werden.

3.6 Integrationstheoretische Reflexion

Die Genese eines so eigenen Gebildes wie der EU erfordert einigen Erklärungsaufwand, da die beteiligten Mitgliedstaaten nicht gezwungen wurden, bedeutende Souveränitätsrechte auf eine supranational (= überstaatlich) und intergouvernemental (= zwischen Regierungen vereinbart) organisierte Institution zu übertragen. Anders als bei Kooperationen zwischen Staaten wird hier tatsächlich in die einzelstaatliche Souveränität eingegriffen. Dabei sind eine sektorale von einer vertikalen und einer horizontalen Integration zu unterscheiden.

Grundsätzlich gilt: Gäbe es keinen Integrationsnutzen, würde die Integration unterbleiben. In der Theorie gibt es zwei Erklärungsansätze für die Europäische Integration, die dieses Postulat aufgreifen: Der **Intergouvernementalismus**, der davon ausgeht, dass einzelstaatliche Egoismen Triebfedern der Integration sind, und der **Supranationalismus**, der die Eigendynamik der Entwicklung in den Mittelpunkt für deren Erklärung stellt. Beide Erklärungsansätze kann man auf die EU anwenden:

Institutionell gesehen war und ist es z. B. ein Motiv Frankreichs, das deutsche Potenzial (v. a. Wirtschaft, Militär) zu kontrollieren. Wenn dies nicht auf militärischem Weg möglich ist (vgl. Besetzung des Ruhrgebiets 1923), kann die Integration als Option gewählt werden, die jedoch auch eine Selbstbindung erforderlich macht. Diese Erklärung greift z. B. bei der EGKS und bei der Einführung des Euro. Je mächtiger der Staat ist, der über eine Integration verhandelt, desto mehr Ertrag (z. B. in Gestalt von Sonderrechten) kann er dabei erzielen. Grundsätzlich gilt des Weiteren, dass mit der staatlichen Einbindung auch in der innenpolitischen Auseinandersetzung für Regierungen ein Gewinn zu erzielen ist, wenn bei Interessenvertretung nun quasi über eine außerstaatliche Bande gespielt werden kann. Nicht die eigene Regierung ist nun Urheber irgendeines Übels, sondern z. B. die EU oder „Brüssel". Man kann also zugleich öffentlich Kritik üben (z. B. über Medien) und doch „heimlich" mitwirken. Denn in jedem Fall bleiben die Regierungen Herren der Lage und bestimmen den Prozess der Integration nach ihren Interessen.

Allerdings – und hier setzt der Supranationalismus an – haben Integrationsprozesse auch die Qualität von Selbstläufern, wenn funktionale Erfordernisse zu sogenannten **„Spillover"-Effekten** führen. Die Vertiefung der Zusammenarbeit in außen- und sicherheitspolitischen Fragen „erzwingt" auch die Integration militärischer Fähigkeiten (z. B. Standardisierung, gemeinsame Truppenkontingente), wenn sie mehr sein soll als eine bloße Absichtserklärung. Hinzu treten politische und institutionelle Effekte, z. B. in der Genese transnationaler Netzwerke und Loyalitäten sowie in deren Wirkung auf die Institutionen (z. B. Entscheidungen von Abgeordneten des Europäischen Parlaments im erklärten Gegensatz zu „Empfehlungen" ihrer nationalstaatlichen Parteien). Solche Prozesse waren von den Regierungen ursprünglich nicht intendiert, können aber nicht mehr zurückgeschraubt und kontrolliert werden. Es entwickelt sich dann – konstruktivistisch gesehen – eine **europäische Identität** und damit u. U. der Wille, die „Vereinigten Staaten von Europa" zu schaffen oder die Union als politischen Auftrag auf Gesamteuropa auszudehnen (vgl. Finalitätsdebatte) und dabei auch wirtschaftliche Schwierigkeiten in Kauf zu nehmen (s. Osterweiterung). Gerade bei Fragen nach der weiteren Entwicklung und den Zielen der EU (= Finalität) scheiden sich die Geister.

Die weitere Entwicklung der EU ist im Moment nicht absehbar. Deutlich sind Vorbehalte gegen eine weitere Ausweitung und Integration zu spüren. Das ist u. a. an der Ablehnung des Verfassungsentwurfs in Volksabstimmungen und an der Diskussion um die Zustimmung zum Vertrag von Lissabon zu erkennen, auch wenn dabei innenpolitische Gründe mindestens genauso schwerwiegend waren wie der Verfassungsentwurf bzw. der Vertrag selbst.

Zum einen betrifft das Identitätsfragen, die mit der territorialen **Erweiterung** der EU verbunden sind (z. B.: „Wo sind Europas Grenzen?“, „Gehört die Türkei zu Europa und damit in die EU?“). Zum anderen ist der höchst unterschiedliche ökonomische Entwicklungsstand der Mitgliedstaaten tangiert, der erst einmal eine Konsolidierung des bestehenden Systems nötig erscheinen lässt, bevor an eine weitere **Ausdehnung** zu denken ist. Die Furcht vor einer Überdehnung und vor unkalkulierbaren wirtschaftlichen Risiken ist angesichts der Bankenkrise 2009 und der anhaltenden Griechenlandkrise nicht aus der Luft gegriffen. Hier wird sich zeigen, ob die neuen Einrichtungen, wie z. B. der „Euro-Rettungsschirm“, tatsächlich für eine Stabilisierung des Euroraums sorgen können. Die Debatte um den Fiskalpakt und die Eurobonds sowie die Einführung eines dauerhaften Stabilitätsmechanismus (ESM: Europäischer Stabilitätsmechanismus, EFSF: Europäische Finanzstabilisierungsfazilität) zeigen, dass man um Vertragsveränderungen nicht herumkommt und dass damit weitere Veränderungen der EU einhergehen werden. So wurde faktisch die bislang gültige „no-bail-out“-Klausel außer Kraft gesetzt. Der Weg zur Transferunion scheint endgültig und unwiderruflich eingeschlagen zu sein.

Damit stellt sich umso mehr die Frage nach dem Selbstverständnis der Mitgliedstaaten und ihrer Bürger hinsichtlich der EU, deren Beantwortung einer **Vertiefung** vorangehen muss, da diese weitere Souveränitätsbeschränkungen der Einzelstaaten und Souveränitätsübertragungen auf die EU mit sich bringen würde. In diesem Kontext geht es um Kompetenzverteilung, um „Demokratisierung“ und letzten Endes um die Staatlichkeit der EU. D. h., es geht um die Frage, auf welche Weise Staatlichkeit von den EU-Mitgliedern auf die EU übertragen werden kann und soll, ohne dass diese Länder aufhören selbstständige Staaten zu sein und ohne dass deren gewählte Parlamente ihre Entscheidungskompetenz verlieren.

	sektoral	**vertikal**	**horizontal**
Gegenstand	Politikfeld	Kompetenzverteilung	Territorium
Integrationszuwachs	Integration neuer Politikbereiche = **Ausdehnung**, z. B. erst Montanindustrie, dann Binnenmarkt	Abgabe nationalstaatlicher Kompetenzen = **Vertiefung**, z. B. Währungsunion	Vergrößerung des territorialen Geltungsbereichs = **Erweiterung**, z. B. Osterweiterung

Arten der Integration in einer supranationalen Organisation

4 Internationale Regime

Internationale Regime, wie z. B. das **GATT**, lassen sich definieren als ein Set von impliziten oder expliziten Grundsätzen, Normen, Regeln und Entscheidungsprozeduren, die einem Akteur Erwartungssicherheit in Politikfeldern geben. Die **Grundsätze** werden in schlüssigen Erklärungen über die Welt und ihre Regeln veröffentlicht. Dem GATT lag z. B. die Überzeugung zugrunde, dass der Wohlstand der Welt durch freien Handel gesteigert werden kann. Die **Normen** definieren grundlegende Verhaltenserwartungen sowie Rechte und Pflichten der am Regime beteiligten Staaten. Beim GATT war dies z. B. die Erwartung, dass auf lange Sicht die Zölle und andere Handelshemmnisse beseitigt oder zumindest verringert werden. Grundsätze und Normen bilden den Kern eines Regimes, der bestehen bleiben muss, wenn das Regime erhalten werden soll. Die **Regeln** liegen eine Ebene darunter. Zumeist geht es dabei um den ganz konkreten Ausgleich von Spannung zwischen Grundsätzen und Normen, wobei unterschiedliche Vorstellungen über die Ausgestaltung der Regeln bestehen können. Entwicklungsländer forderten z. B. im GATT eine andere Behandlung für sich als entwickelte Staaten, da sie anders als diese auf einen höheren Schutz ihrer Agrarmärkte angewiesen seien. Die **Entscheidungsprozeduren** definieren z. B. Abstimmungsmechanismen wie Stimmgewicht und Stimmenzahl. Hier ist mit der fortschreitenden Entwicklung auch ein ständiger Wandel erkennbar, wie eben beim GATT, das nun in die WTO integriert ist.

Internationale Regime können je nach Intensität der Erwartungen an die Regeleinhaltung durch die beteiligten Staaten und die Ausgestaltung ihres Regelwerks eingeteilt werden:

		formale Ausgestaltung	
		niedrig	hoch
Bindekraft	hoch	stillschweigende Regelung	ausdifferenziertes Regime
	niedrig	kein Regime	wirkungsloses Regime

Regelungsdichte von Regimen

Wenn weder sichere Regelsetzungen existieren noch erwartet wird, dass Staaten sich daran halten, kann von Regimen eigentlich nicht die Rede sein. Wenn hingegen die Regeln klar definiert sind und auch deren Einhaltung erwartet wird, man sich also auch selbst daran hält (= Selbstbindung), weil man darauf vertraut, dass die anderen ebenso handeln, hat man es mit einem voll funktionsfähigen und starken Regime zu tun. Dazwischen stehen die beiden anderen Formen.

Häufig werden Regime auch unterlaufen, wie z. B. durch einige Staaten das Internationale Walfangabkommen. Vertreter realistischer Positionen sprechen daher hinsichtlich der Regimetheorie von „Schönwettertheorie", da Regime Egoismen eben nicht überwinden. Der Druck zu ihrer Einhaltung muss groß genug sein. Dass das geht, zeigen Regime, die selbst dann funktionieren, wenn sie mehr auf Erwartungen als auf Regelmechanismen oder abgeschlossenen Verträgen basieren. So wurde etwa der SALT-II-Vertrag von der UdSSR und den USA eingehalten, obwohl der US-Senat ihn wegen des Einmarsches der UdSSR in Afghanistan 1979 nicht ratifiziert hatte.

Regime bestehen auf verschiedenen Gebieten: u. a. gibt es **Sicherheitsregime** (z. B. Konzert der Europäischen Mächte im 19. Jahrhundert, SALT I und II, atomares Teststoppabkommen), **Umweltschutzregime** (z. B. Biodiversitäts-Konvention, Internationale Nordseeschutzkonferenz, Übereinkommen über die Erhaltung der lebenden Meeresschätze der Antarktis) und **Wirtschaftsregime** (z. B. GATT).

Zumeist ergibt sich der Bedarf zur Errichtung von Regimen aus dem Problemdruck, der vorhanden ist und der einzelne Staaten überfordert (vgl. Geschichte der Internationalen Organisationen, S. 43 ff.). So ist es offensichtlich, dass der Klimawandel nicht an Staatsgrenzen aufhört. Seine Ursachen sind ebenso wenig durch einzelstaatliche Gesetze zu bekämpfen wie seine Folgen beherrschbar. So kann etwa der Deutsche Bundestag kein Gesetz gegen die Abholzung der tropischen Regenwälder erlassen. Und selbst wenn er es täte, würde es nichts nutzen – außer gegebenenfalls als Vorbild –, denn deutsche Gesetze gelten nur auf deutschem Staatsgebiet bzw. für deutsche Staatsbürger im Ausland (vgl. Verfolgung von Kindesmissbrauch, „Sextourismus"). Es braucht also eine internationale Regelung, wie z. B. die Klimaprotokolle von Kyoto oder das Internationale Artenschutzabkommen, das den Handel mit bedrohten Tierarten einschränkt oder verbietet. Wenn der Problemdruck anhält oder Regime sich bewähren, dann kann Bedarf an ständigen oder nachhaltigen Regelungen bestehen. Hier liegen dann Gründe für die Umwandlung von Regimen in Internationale Organisationen (vgl. Übergang vom GATT zur WTO).

5 Nicht staatliche Akteure

Juristisch gesehen ist nach UN-Definition im Kern jede internationale Organisation, die nicht durch einen zwischenstaatlichen Vertrag begründet wird, eine Internationale Nichtregierungsorganisation. Im Unterschied zu den IGOs sind die INGOs also privatrechtliche Vereinigungen, die den Gesetzen ihrer Heimatstaaten unterliegen, nicht dem Völkerrecht.

NGOs sind nicht staatliche Akteure einzelner Nationalstaaten, INGOs Zusammenschlüsse von mindestens drei solcher NGOs aus mindestens drei Staaten. Da auch einzelne NGOs in den internationalen Beziehungen aktiv werden können, wird im Folgenden INGO als Überbegriff verwendet.

5.1 Arten und Aufgaben der NGOs

Nur wenige INGOs genießen den Status eines Völkerrechtssubjekts, so z. B. das Internationale Komitee vom Roten Kreuz (IKRK). INGOs befassen sich mit vielfältigsten Themenfeldern, mit politischen und sozialen Fragen, mit Umwelt- und Tierschutz, mit den Menschenrechten u. v. m. Für das letztgenannte Politikfeld tritt die größte Untergruppe der Nichtregierungsorganisationen ein, gefolgt vom Umweltschutz.

Tätigkeitsfeld	ausgewählte INGOs
Entwicklungspolitik	CARE International, World Vision
Globalisierung und Welthandel	Attac, Weltsozialforum
humanitäre Hilfe	Caritas, Rotes Kreuz, Roter Halbmond
Kultur und Sport	P.E.N., FIFA
Menschen- und Bürgerrechte	Amnesty International, Human Rights Watch
Parteipolitik	Sozialistische Internationale, Europäische Volkspartei
Umwelt-, Natur- und Tierschutz	Greenpeace, WWF
Korruptionsbekämpfung	Transparency International

Spektrum der Tätigkeitsfelder nach INGOs

Der Einfluss der INGOs nimmt insgesamt zu, was sich u. a. darin äußert, dass sie zunehmend von Regierungen gehört und von der UN in einem eigenen Verfahren an der Meinungsbildung beteiligt werden. Ihre Zahl wird voraussichtlich weiter steigen, da sie unmittelbar auf Entwicklungen reagieren und wesentlich schneller gegründet werden können als IGOs. Der Bedeutungszuwachs der INGOs wird daher auch als Indikator für eine weltweite Vernetzung von gesellschaftlichen Gruppen und damit als Vorbote einer transnationalen Politik bzw. **internationalen Zivilgesellschaft** gesehen.

Eine ausdifferenziertere Betrachtung unterscheidet in den Internationalen Beziehungen folgende nicht staatliche Akteure:

- Transnationale Netzwerke und Koalitionen: NGOs kooperieren mit sich ad hoc organisierenden Gruppierungen in einem spezifischen Themenfeld (z. B. Landminenbekämpfung).
- Transnationale advocacy networks: Diese verfolgen aktiv ein spezifisches Anliegen oder Interesse (z. B. das Terrornetzwerk El Kaida).
- Soziale Bewegungen: Zahlreiche Individuen organisieren sich, um einen internationalen sozialen Wandel herbeizuführen (z. B. islamistische Bewegungen). Allerdings brauchen diese zumeist eine staatliche Unterstützung (z. B. Saudi-Arabien), um ihre Ziele wirkungsvoll zu verfolgen.
- Globale Politiknetzwerke (global policy networks): Hybride Organisationsformen, in denen Regierungen, IGOs, TNCs und einzelne Experten auf einem definierten Politikfeld zusammenarbeiten (z. B. beim Bau von Großdämmen).
- Epistemic communities: Ein Sonderfall kollektiven Handelns von Individuen in den internationalen Beziehungen, da hier Experten mit unterschiedlichem Hintergrund – Regierungsvertreter, Vertreter von Forschungsinstituten, IGOs und INGOs – zusammenkommen, um neue Vorstellungen politikfähig zu machen (z. B. hinsichtlich des globalen Klimawandels).
- Transnationale Konzerne: private Akteure, die in mindestens drei Staaten Geschäftsbeziehungen unterhalten und profitorientiert arbeiten. Je nach Standpunkt werden diese als Anbieter marktgerechter Lösungen für Probleme gesehen oder wegen ihrer Profitorientierung als „Heuschrecken" bezeichnet und verantwortlich gemacht für Verstöße gegen die Menschenrechte und für Umweltzerstörung.

Wie staatliche Grenzen verschwimmen auch Abgrenzungen von NGOs, sodass statt einer Unterscheidung nach rein formalen Kriterien, wie z. B. Mitgliedschaft, in der Politikwissenschaft neuerdings nach den von NGOs ausgeübten **governance-Funktionen** unterschieden wird:

- Übernahme von öffentlichen Aufgaben, wo eine staatliche Autorität fehlt, z. B. Organisation der Grundversorgung der Bevölkerung in Krisengebieten
- Sammeln und Veröffentlichen von Informationen
- Schaffung und Mobilisierung von Netzwerken
- Förderung neuer normativer Maßstäbe für Politik und Wirtschaft
- Anwaltschaft für politischen Wandel

- Aufbereitung/Interpretation von Problembereichen für die Öffentlichkeit
- Überwachung der nationalen und internationalen Einhaltung von Normen, insbesondere in den Bereichen Menschenrechts- und Umweltschutz
- Teilnahme an globalen Konferenzen, um Themen und gesellschaftliche Positionen einzubringen und zwischen staatlichen Akteuren zu vermitteln
- Erhöhung der öffentlichen Anteilnahme und Teilnahme an transnationalen und internationalen Entwicklungen
- humanitäre Hilfeleistungen
- Implementierung von Entwicklungsprojekten

Das Tätigkeitsfelder der INGOs sind vielfältig: Greenpeace-Mitglieder demonstrieren gegen ein Kernkraftwerk in Frankreich (l.), Helfer des Roten Kreuzes verteilen Hilfsgüter auf Haiti (r.).

5.2 Kritik an Internationalen Nichtregierungsorganisationen

Trotz aller Verdienste der INGOs darf man diese nicht unkritisch betrachten – und zwar nicht nur aufgrund der Existenz krimineller (z. B. Mafia) und terroristischer Organisationen (z. B. El Kaida), die formal auch als INGOs verstanden werden können. Viele INGOs sind in Industriestaaten angesiedelt und haben daher in der Regel größere Ressourcen als solche aus Entwicklungsländern, was dazu führt, dass deren Positionen z. B. durch die Teilnahme an internationalen Konferenzen mehr Chancen auf Gehör finden und damit einflussreicher sind. Die unterschiedliche Wohlstandsverteilung auf der Welt wirkt also auch hier. Des Weiteren sind Vertreter von INGOs **nicht demokratisch legitimiert**, sondern handeln im eigenen oder in einem unbestimmten fremden Auftrag. Weil insbesondere kleinere Organisationen sehr nahe an den Problembereichen und den betroffenen Menschen arbeiten, kann es vorkommen, dass Einzelfälle generalisiert und größere Zusammenhänge nicht hinreichend überblickt werden. Dies ermöglicht auch die **Instrumentalisierung** durch politische und religiöse Gruppen.

5.3 INGOs als Bestandteil der internationalen Beziehungen

INGOs sind also ein nicht wegzudenkender Bestandteil der internationalen Beziehungen. Sie sind aber aus sich selbst heraus nicht ohne Weiteres wirkungsvoll, sondern besonders dann, wenn sie von Staaten oder IGOs unterstützt werden oder ein Themenfeld öffentlichkeitswirksam besetzen und es so in die innerstaatliche und internationale Kommunikation einbringen können (siehe die Aktionen von Greenpeace). Gleiches gilt, wenn es ihnen gelingt, ihre spezifischen Themen in einen allgemeinen Diskurs einzuspeisen (= „framing", z. B. das Thema Frauen- oder Kinderrechte im Kontext der allgemeinen Menschenrechte). Die Wege dazu, ihre Expertise institutionell gesichert in IGOs einzubringen, sind beispielsweise bei der UN vorhanden. Diese kann INGOs den **Konsultativstatus** beim Wirtschafts- und Sozialrat (ECOSOC) verleihen (trifft derzeit auf ca. 4 000 INGOs zu), wenn die INGO über eine gewisse materielle Grundausstattung verfügt und demokratisch verfasst ist. Dazu bestehen drei Möglichkeiten:

- general status: Dieser kann den großen und auf zahlreichen Politikfeldern tätigen INGOs verliehen werden, die dadurch Einfluss auf die Beratungsthemen erhalten und Stellungnahmen abgeben dürfen.
- special status: Diesen können international bekannte INGOs erhalten, die für ein Themenfeld über besondere Expertise verfügen; dadurch wird ihnen ein Beobachterstatus mit eingeschränktem Rederecht eingeräumt.
- roster status: Dieser kann kleineren INGOs themenspezifisch verliehen werden, die dadurch Zugang zu Arbeitsgruppen erhalten.

Gelingt INGOs darüber hinaus mit Unterstützung von oder in Zusammenarbeit mit IGOs die Organisation von bzw. die Beteiligung an internationalen **Konferenzen** (z. B. UN-Weltsozialgipfel, UN-Weltfrauenkonferenz), dann sind sie und ihre Interessen institutionell stark verankert.

Daneben bestehen weitere Möglichkeiten der Einflussnahme auf Beratungen und Entscheidungen der UN in der Generalversammlung, aber auch vor dem Sicherheitsrat. Daher ist davon auszugehen, dass die Zukunft wirkmächtiger INGOs eher in solchen Strukturen liegt, die auf eine **weltbürgerliche Gestaltung der UN** hinauslaufen, als in einer an internationale Organisationen und die Staatenwelt nicht angebundenen **Weltzivilgesellschaft**.

Jeder der in diesem Kapitel beschriebenen Akteure – sieht man von kriminellen und terroristischen Vereinigungen einmal ab – wird jedoch gebraucht, um angemessen auf globale Herausforderungen und Problemfelder reagieren zu können. Mit diesen befasst sich das folgende Kapitel.

Herausforderungen und Problemfelder der internationalen Beziehungen

Dieses Kapitel beschäftigt sich exemplarisch mit relevanten Fragen und Problemfeldern der internationalen Beziehungen. Als Lösungsstrategien werden am Ende des Kapitels global und good governance vorgestellt.

1 Sicherheitspolitik

1.1 Kriege und Konflikte

Krieg ist eines der vielschichtigsten Phänomene der internationalen Beziehungen und ein wesentlicher Grund für die wissenschaftliche Beschäftigung mit ihnen – von der Antike bis zur Gegenwart (z. B. Thukydides: „Der Peloponnesische Krieg"; Münkler: „Die neuen Kriege"). In diesem Kontext müssen ganz allgemein alle sicherheitsrelevanten Fragen, z. B. der internationale Terrorismus oder die grenzüberschreitende Kriminalität, berücksichtigt werden.

Krieg und Frieden sind komplementäre Phänomene. Daher werden sie hier zusammenhängend vorgestellt. Immer geht es bei der Beschäftigung mit Krieg und Frieden um Strategien, Sicherheit zu gewährleisten, also um Sicherheitspolitik (s. S. 30 ff., 43 ff., 51 ff., 57 ff.). Wie der Krieg einem ständigen Wandel unterliegt – manche bezeichnen ihn als Chamäleon –, so wäre es zu einfach, Frieden lediglich als Nichtvorhandensein von Krieg zu definieren. Übergänge sind nicht nur im Sprachgebrauch fließend, wenn etwa der damalige Bundesverteidigungsminister zu Guttenberg bei seiner Amtsübernahme 2009 aus Gründen des Völkerrechts von „kriegsähnlichen Zuständen", nicht jedoch von Krieg in Afghanistan sprach.

Dem Phänomen Krieg sind **neben dem traditionellen Staatenkrieg alle Formen kollektiver Gewaltanwendung mit mehr als 1 000 Toten pro Jahr** zuzuordnen (so jedenfalls die Zählung des Osloer Friedensforschungsinstituts), z. B. Bürgerkriege und die sogenannten neuen Kriege. Daher muss der Begriff Krieg zunächst definiert und müssen mögliche Kriegsursachen geklärt werden, bevor Kriegsverhütung und -eindämmung sowie Friedenssicherung erörtert werden können.

Arten von Kriegen

Krieg ist vielschichtig, aber politische Gewalt ist nicht auf ihn beschränkt – Pogrome und Menschenrechtsverletzungen gehören ebenso zu politisch motivierter Gewalt wie Revolutionen. An kriegerischen Auseinandersetzungen sind staatliche und nichtstaatliche Akteure beteiligt, die Staaten oder Menschengruppen mit je unterschiedlichen Rechtfertigungen (z. B. Selbsthilfe = Verteidigung/Notwehr; Nothilfe = Hilfe für einen anderen) attackieren. Diese Legitimierungen leiten über zur Frage nach dem „gerechten" Krieg, die z. B im Kontext des Eingreifens der NATO im Kosovo (1999) erörtert wurde.

	Staat (Handelnde)	nichtstaatlicher Akteur (Handelnde)
Staat (Betroffene)	• zwischenstaatlicher Krieg • friedenserzwingende Maßnahmen • humanitäre Interventionen	• Bürgerkrieg • Guerillakrieg • Revolution • Terrorismus
nichtstaatlicher Akteur (Betroffene)	• Menschenrechtsverletzungen • Kriegsverbrechen • staatlich geförderter Terrorismus	• Bürgerkrieg • Pogrom • Terrorismus

Kriegerische Auseinandersetzungen und Akteure

Die Zuordnung der verschiedenen Kriegs- und Konfliktformen ist schwierig (Wo sind z. B. die kriegerischen Auseinandersetzungen während des Zerfalls der UdSSR oder Jugoslawiens einzuordnen?) oder an mehreren Stellen möglich (z. B. Terrorismus). Daher wird versucht, zu einer eindeutigen und operationalisierbaren **Definition** zu kommen. Die Arbeitsgemeinschaft Kriegsursachenforschung (AKUF) spricht von Krieg, wenn folgende Voraussetzungen gegeben sind:

- zwei oder mehr Kriegsparteien, davon mindestens eine reguläres Militär,
- ein Mindestmaß an zentraler Steuerung,
- eine gewisse Konfliktdauer.

Die Kriterien sind z. T. vage, um bei der Zuordnung flexibel zu sein. Anders beim schon erwähnten Osloer Friedensforschungsinstitut, das vier Arten von bewaffneten Auseinandersetzungen in zwei Ausprägungen unterscheidet (Konflikt: über 25 Tote jährlich; Krieg: über 1 000 Tote jährlich):

- innerstaatliche Konflikte/Kriege: „Bürgerkriege" zwischen der Regierung und mindestens einer nichtstaatlichen Gruppe im Staatsgebiet.
- internationalisierte Konflikte/Kriege: „Bürgerkriege" mit Beteiligung ausländischer Konfliktparteien.

- zwischenstaatliche Konflikte/Kriege: Konflikte zwischen Regierungen, die in mehr als einem Staatsgebiet ausgetragen werden („Staatenkrieg").
- extrasystemische Konflikte/Kriege: Konflikte zwischen der Regierung eines unabhängigen Staates und einem abhängigen Territorium außerhalb des eigenen Staatsgebiets („Befreiungskrieg").

Allerdings erfasst diese Klassifizierung nur „traditionelle", nicht aber **„neue" Kriege**, wie sie in der aktuellen Forschung zu den internationalen Beziehungen diskutiert werden. Neue Kriege finden als asymmetrische Kriege statt, die häufig von Warlords als „Kriegsunternehmen" mit preisgünstigen Waffen in Regionen geführt werden, in denen der Staat wenig Einfluss und Macht hat.

	„herkömmliche" Staatenkriege	„herkömmliche" Bürgerkriege	„neue" Kriege
Beteiligte	Staaten	innerstaatliche Konfliktparteien	Kriegsbanden/ „Warlords"
Handlungsfeld	zwischenstaatlich	innerstaatlich	staatsübergreifend
Ziele	Gewinn von Territorium/Macht	ideologisch (Revolution)/national (Unabhängigkeitskrieg)	beliebig: ethnisch/ religiös/kommerziell usw.
Hauptopfer	Kombattanten	Kombattanten/ Zivilisten	Zivilisten
Kriegsführung	symmetrisch (Armeen)	symmetrisch (Bürgerkriegsarmeen)/ asymmetrisch (Armee vs. „Unabhängigkeitskämpfer")	asymmetrisch (kriminell/brutalisiert)
Regulierung	möglich (Diplomatie/ Völkerrecht)	nein (Sieg einer Seite)	nein (failing states-Problematik)
Dauer	begrenzt (Kriegserklärung/ Friedensschluss)	begrenzt (bis zum Sieg einer Bürgerkriegspartei)	Verstetigung („Der Krieg ernährt den Krieg")

Kategorisierung von Kriegen

Globale Verteilung von Kriegen seit Ende des Kalten Kriegs

Zwar wird mittlerweile infrage gestellt, ob die „neuen" Kriege wirklich so neu sind, weil sich z. B. schon im Dreißigjährigen Krieg die Söldnerheere durch die Kriegsführung selbst versorgt haben. Auch kämpften bei der Eroberung der Kolonialreiche häufig gut ausgebildete Truppen gegen schwach bewaffnete

Einheimische (= asymmetrische Kriegsführung). Dennoch wird in der idealtypischen Darstellung auf jeden Fall deutlich, dass insbesondere schwache oder zerfallende Staaten und Imperien Anarchie und damit bewaffnete Auseinandersetzungen zwischen Gruppen innerhalb von Territorien begünstigen bzw. erst ermöglichen, weil die wesentliche Staatsfunktion nicht erfüllt wird: die Bewahrung von Sicherheit und Ordnung. Dementsprechend ist die Welt mit Ende des Ost-West-Konflikts auf den ersten Blick nicht sicherer geworden. Im Vergleich zu 1960 mit 16 bewaffneten Konflikten hat deren Zahl 1991/92 mit 51 ihren Höhepunkt erreicht (Zerfall der Sowjetunion und Jugoslawiens) und ist bis heute auf ca. 40 zurückgegangen (Osloer Friedensforschungsinstitut).

Berücksichtigt man allerdings die absolute Zahl der Staaten, die seit 1960 enorm zugenommen hat (Entkolonialisierung), und bedenkt, dass es nur wenige „echte" Kriege gab, dann ist die Welt statistisch gesehen heute sicherer geworden – zumindest was die westliche Welt und zwischenstaatliche Kriege betrifft. Die territoriale Verteilung zeigt jedoch **regionale Schwerpunkte** und eine **Häufung auch lange andauernder innerstaatlicher Konflikte**, die wesentlich mehr Menschenleben kosten als „klassische" Kriege: Balkan (z. B. Kosovo), Kaukasus (z. B. Georgien, Tschetschenien), Naher und Mittlerer Osten (z. B. Palästina) und Afrika (z. B. Sudan). D. h., der typische Konflikt zu Beginn des 21. Jahrhunderts ist ein innerstaatlicher Konflikt oder Bürgerkrieg, nicht jedoch ein zwischenstaatlicher Krieg. Das bestätigen auch die „Arabellion" (z. B. Syrien, Libyen) und der eingefrorene Bürgerkrieg in der Ukraine.

Der Krieg im Fokus der Großtheorien

Die Großtheorien der internationalen Beziehungen geben aus je unterschiedlicher Sicht Erklärungen für diese **Verschiebungstendenz** der Kriege von zwischenstaatlichen zu innerstaatlichen: **Realistische Ansätze** heben z. B. hervor, dass insbesondere das nukleare Potenzial von Staaten oder Militärbündnissen Kriege zwischen Staaten so riskant macht, dass internationale Konflikte nur noch innerhalb peripherer Räume ausgetragen werden (z. B. „Stellvertreterkriege", Unterstützung von Bürgerkriegsparteien). Auch nach Ende des Ost-West-Konflikts versuchen Konfliktparteien, sich internationaler Unterstützung im Gefolge alter oder neuer Frontstellungen zu bedienen (vgl. das Einführungsbeispiel Ukraine). Besonders anfällig für innerstaatliche Konflikte sind geschwächte Staaten.

Liberale Ansätze führen die relative Abnahme zwischenstaatlicher Kriege auf die Zivilisierung der internationalen Beziehungen (z. B. Völkerrecht, gestiegener Stellenwert der UN nach Ende des Ost-West-Konflikts) und auf die dritte Demokratisierungswelle nach dem Zusammenbruch des sowjetischen

Imperiums zurück. Demokratien führen keine oder zumindest weniger Kriege, so die dahinterstehende Hauptthese, und schon gar nicht gegen andere Demokratien. Zwischenstaatliche Kriege sind außerdem dysfunktional und bringen keinen Nutzen, weil sie zumindest tendenziell nicht zu einem eindeutigen Sieger führen, sondern allen am Krieg beteiligten Staaten schaden. Die Zunahme innerstaatlicher Konflikte/Kriege ist dagegen erklärbar, wenn Ungerechtigkeiten innerhalb der Staaten groß sind und das Aufbegehren dagegen erfolgreich erscheint. Innerhalb von Demokratien bestehen dagegen legale Möglichkeiten, Ungleichheiten und Ungerechtigkeiten zu verändern. Daher gilt auch hier, dass Demokratien weniger anfällig für Bürgerkriege sind. Außerdem gehen diese Konflikte einher mit dem Phänomen der „neuen Kriege", in denen der Krieg selbst eine Funktion hat: Sicherung des Lebensunterhalts der Kriegsbanden. Besonders „Erfolg versprechend" ist diese Art des „Broterwerbs" in rohstoffreichen Ländern mit geschwächter Zentralgewalt. So finanzieren z. B. einige afrikanische Banden einen Bürgerkrieg mithilfe von Diamanten („Blutdiamanten"). Wer Zugang zu den Edelsteinen hat, kann seine Truppen besser ausrüsten. Daher wird darum erbittert gekämpft. Der Diamantenhandel dient so einer speziellen „Kriegsökonomie". Der Krieg ernährt sich selbst.

Hier trifft sich der Erklärungsansatz mit **marxistischen Theorien**, die insbesondere die Verflechtungen transnationaler Art (z. B. Rohstoffabnehmer, Kriegsfinanzier im Ausland) oder die Frage einer spezifischen Art des Kolonialismus thematisieren. Im Hintergrund steht die **Asymmetrie** in den internationalen Beziehungen, die den entwickelten Staaten Wohlstand, den Staaten der Peripherie aber Armut und – dadurch angestachelt – Konflikte bzw. Bürgerkriege beschert, die aufgrund von Flüchtlingsströmen, von ethnischen Verbindungen (z. B. infolge willkürlicher Grenzziehungen durch Kolonialmächte) und von schlecht geschützten Grenzen relativ leicht auf Nachbarstaaten übergreifen können.

Konstruktivistische Ansätze wenden ihr besonderes Augenmerk der Sicht auf den Krieg zu. Während dieser international zunehmend geächtet wird (vgl. die Formel der Friedensbewegung „Kein Blut für Öl" im Kontext des Kriegs um die Befreiung Kuwaits im Jahr 1991) und damit seltener als legitime politische Option erscheint, ist dagegen die Neigung zur Intervention (z. B. **„humanitäre Intervention"**) gestiegen, weil der Sinn derselben positiv erscheint (z. B. Sicherung von Menschenleben und -rechten). Die Debatte um Einsätze gegen den Islamischen Staat ist so erklärbar. Hier sind Forderungen nach direkter Intervention zum Schutz der Menschen häufig zu hören. Das Wegbleiben gilt hier als schlecht, während es bei Kuwait geradezu gewünscht war. Innerhalb von Staaten werden Konflikte, die mit ökonomischen und politischen Bevorzugungen oder Benachteiligungen einherzugehen scheinen, häufig von religiösen und/oder ethnischen Gruppierungen geführt. Dabei ist es gleichgültig, ob diese „naturgegeben“ oder konstruiert sind (z. B. Stämme, Rassen, Religionsgemeinschaften). Diese Konstrukte können instrumentalisiert werden, um eigene politische und ökonomische Ziele zu erreichen.

Kriegsursachen

Es gibt offensichtlich Gunstfaktoren, Anreize und Gelegenheitsstrukturen (z. B. schwache Zentralgewalt, Rohstoffreichtum), die den bewaffneten Konfliktaustrag innerhalb von und zwischen Staaten am Laufen halten oder verstärken. Damit ist aber noch keine Erklärung dafür gegeben, warum es überhaupt zum Konflikt oder Krieg kommt. Erst eine Antwort auf die Frage nach den Kriegsursachen erlaubt eine sinnvolle Erörterung der Möglichkeiten, Frieden zu erhalten oder herzustellen. Dabei ist jedoch zu bedenken, dass es eine Fülle von Theorien auf völlig unterschiedlichen Analyseebenen gibt. Diese reichen vom Wesen des Menschen (z. B. Aggressions- und Machttrieb) bis zu systemtheoretischen Modellen der internationalen Beziehungen (z. B. Symmetrie und Asymmetrie der Beziehungen, Hegemonialzyklen). Folgende Tabelle gibt einen Ausschnitt prominenter Theorien von Kriegsursachen und möglicher Ansatzpunkte für Friedenserhaltung wieder:

Theorie	Hauptaussage	Wege der Friedensstiftung	Bedingung für Friedenswahrung
Auf das Individuum bezogene Theorie			
Aggressions-Theorie	Ableitung der Aggressivität und des Herrschaftsdrangs von Individuen nach außen	Förderung gesellschaftlicher Mechanismen der Machtbegrenzung und Affektkontrolle	langfristige Demokratisierung; Zivilisierung der Gesellschaft nicht kurzfristig erreichbar
Auf Machteliten bezogene Theorien			
Interessen-Theorie	gewaltsame Wahrnehmung sektoraler Interessen durch bestimmte Gruppen oder Eliten	inner- und zwischenstaatliche Interessenbefriedigung	Bereitschaft zum Ausgleich zwischen Gruppen
Ideologie-Theorie	religiöses/zivilisatorisch-messianisches Sendungsbewusstsein (z. B. „Heiliger Krieg“)	Befriedung der Ideologie/des Glaubens	Umdenken (z. T. nur bei Wechsel der Meinungsführer)

Substitutions-Theorie	Ableitung innerer Konflikte nach außen (z. B. „Sozialimperialismus“)	innerstaatliche Konfliktregulierung	Wunsch nach innerstaatlichem Ausgleich, z. B. durch Machtbeteiligung
Auf Staatsführung bezogene Theorien			
Kalkül-Theorie	rationales Kalkül der Staatsführung, Krieg als „Fortführung der Politik mit anderen Mitteln“	Erfüllung der Interessen/Diplomatie/Appeasement/Erhöhung der Kosten für Krieg	Rationalität zweischneidig, kann auch kontraproduktiv wirken (z. B. Präventivkrieg, Schlieffenplan)
Fehlperzeptions-Theorie	fehlerhafte und/oder unvollkommene Informationen über Absichten und Potenziale des Gegners	Aufklärung/Vertrauensbildung (vgl. KSZE-Prozess, Rüstungskontrollabkommen)	keine völlige Offenheit möglich
Auf das internationale System bezogene Theorien			
Machtrivalitäts-Theorie	Streben der Staaten nach Machtzuwachs	Gegenmacht/Koalitionsbildung (vgl. NATO – Warschauer Pakt)	Vertrauensbildung als langfristiger Prozess, bis Rüstungswettlauf unterbleibt
Distanz-Theorie	politische, ökonomische usw. Asymmetrie von Staaten	Abbau der Asymmetrien	Symmetrie zwischen Staaten (z. B. Entwicklungsstand)
Anarchie-Theorie	Fehlen einer wirksamen übergeordneten Instanz	Weltregierung/starke UN	Verzicht auf Souveränitätsrechte

Kriegsursachen (Bezugsebenen)

Neben der Systematisierung nach den jeweiligen Bezugsgrößen ist auch eine Systematisierung hinsichtlich sozio-ökonomischer, ordnungspolitischer und kultureller Erklärungsmuster möglich. Deutlich wird, dass **Krieg ein vielschichtiges und schwer zu bändigendes Phänomen** ist, dessen Ursachen außerdem in der Regel vielfältig miteinander verknüpft sind, wie das Beispiel Palästina zeigt: Hier treffen ideologische Ursachen (z. B. Religion), Geschichtsinterpretationen (z. B. gelobtes Land), historische Ursachen (Grenzen der Mandatsgebiete nach dem Ersten Weltkrieg), wirtschaftliche Asymmetrien (Wohlstandsgefälle zwischen Israel und Gaza), Rohstoffkonflikte (Wasserversorgung) usw. zusammen. Krieg ist daher nicht mit Moralisieren beizukommen. Wer ihn einhegen oder auf Dauer beseitigen will, muss seine Ursachen angehen. Das ist nur langfristig denkbar und nicht ohne Rückschläge möglich.

Erklärungsmuster	Aspekte
sozio-ökonomisch	• Bedeutung der Ressourcen (z. B. Öl, Wasser) • Logik des Weltmarkts (z. B. Zentrum – Peripherie) • militärisch-industrieller Komplex (Macht der Rüstungsindustrie) • Asymmetrien der internationalen Beziehungen (z. B. Industrie- vs. Entwicklungsländer) • Kriegsökonomie („neue Kriege“)
ordnungspolitisch	• Mächterivalitäten (innerstaatlich, zwischenstaatlich) • Nationalstaatsbildung (vgl. Deutsches Reich im 19. Jahrhundert) • Zerfall von Imperien/Staaten (vgl. Sowjetunion)
kulturell	• religiöse Konfliktlinien (vgl. Sudan) • ethnische Konfliktlinien (vgl. Ruanda) • kollektive Identitätskrisen (vgl. Jugoslawien) • militarisierte Gesellschaft (vgl. Untertanengeist)

Kriegsursachen (Erklärungsmuster)

1.2 Frieden und Sicherheit

Frieden als Gegenpol zu Krieg ist ein genauso vielschichtiges Phänomen. Und es gibt eine breite Palette von Möglichkeiten, ihn zu sichern (vgl. Sicherheitspolitik). Wichtig ist, dass die Akteure der internationalen Beziehungen, v. a. die Staaten, willens sind, die Instrumente zur Verhinderung von Kriegen zu nutzen. Je nach Deutungsansatz hängt diese Bereitschaft von den Machtstrukturen (Realismus), den vorhandenen Interdependenzen (Liberalismus), den Symmetrien oder Asymmetrien zwischen Zentrum und Peripherie (Marxismus) oder den Interpretationen der Beteiligten (Konstruktivismus) ab.

Der Begriff „Frieden“ wird heute mit dem doppelten Begriffspaar negativ – positiv und instabil – stabil umschrieben. Dabei bedeutet

- **negativer Friede:** Nicht-Krieg, Abwesenheit militärischer Gewalt,
- **positiver Friede:** Abwesenheit physischer und struktureller Gewalt, Gerechtigkeit,
- **instabiler Friede:** Aufnahme von Kampfhandlungen jederzeit möglich,
- **stabiler Friede:** Aufnahme von Kampfhandlungen gegenseitig grundsätzlich ausgeschlossen.

Folgende Abbildung zeigt in diesem Sinne beispielhaft die Entwicklung des Ost-West-Konflikts. Dabei werden Phasen temporär abweichender Entwicklungen und Ereignisse, z. B. Einmarsch der UdSSR in Afghanistan 1979, aufgrund der besseren Übersichtlichkeit weggelassen:

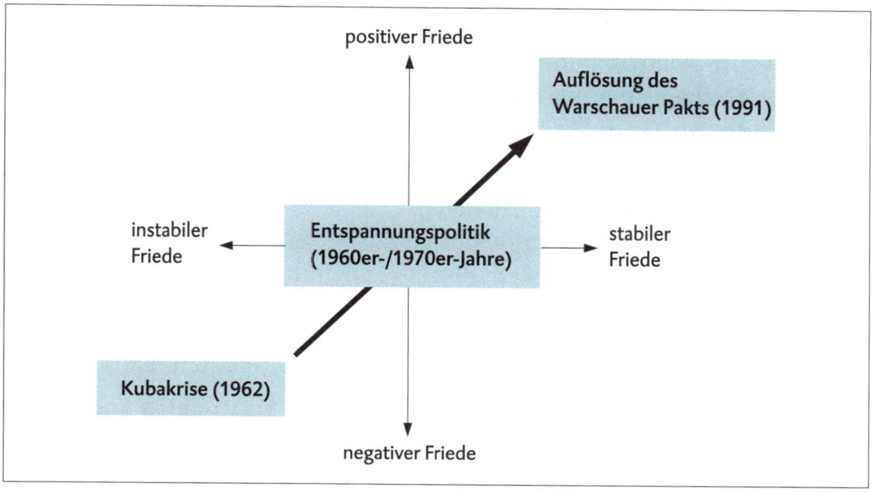

Vom Kalten Krieg zum stabilen Frieden

Friedensordnungen

Frieden ist kein Zustand, wie man gut an der Entwicklung der Beziehungen zwischen Russland und der NATO sehen kann, sondern ein rationaler und sich gegenseitig beeinflussender Prozess von Handlungen und Entscheidungen auf allen Ebenen und Politikfeldern des internationalen Systems und unter Nutzung aller möglichen Instrumente. Unterschieden werden in der Forschung folgende **Friedensordnungen:**

- **Imperialer Friede:** Imperien schaffen (negativen) Frieden, indem sie staatliche Unabhängigkeit aufheben (Bsp.: Pax Romana, Pax Americana).
- **Abschreckungsfriede:** basiert auf dem Vertrauen in die Rationalität der Akteure, auf Gewaltanwendung zu verzichten, wenn zu erwarten ist, dass diese mehr schadet als nutzt (Bsp.: Kalter Krieg).
- **Friede durch gegenseitige Abrüstung:** Kombination von Abschreckung und Kooperation und dadurch langfristige Vertrauensbildung als Voraussetzung positiven Friedens (Bsp.: Entspannungspolitik).
- **Friede durch regionale Integration:** Zusammenarbeit und Vergemeinschaftung, Konfliktlösungsprozesse völlig ohne Waffengewalt (positiver Friede; Bsp. EU).
- **Friede durch universale Integration:** Konfliktlösung als Weltinnenpolitik durch Weltregierung (Bsp.: Weltstaat-Utopie).

Mechanismen zur Konfliktregulierung

Unterschieden werden können Friedensordnungen auch nach den dahinterstehenden Mechanismen zur Konfliktregulierung:

- **Politik/Recht:** Sicherheit durch politische Maßnahmen und Rechtsetzung, die zu friedlichen Strukturen führen sollen (Bsp.: Völkerrecht, kollektiv bindende Entscheidungen der UN).
- **Handel:** Integration im gemeinsamen Markt (Weltmarkt) ersetzt Gewalt durch Kooperation und Marktkonkurrenz (Bsp.: WTO).
- **Symbole:** Kanalisation von Aggression durch soziokulturelle Regulierung, z. B. im Sport (Bsp.: Olympische Spiele, Fußballweltmeisterschaft).
- **Freiheit:** Ersetzen der Zwangsinstitutionen (z. B. Staat) durch kooperative Strukturen ohne Herrschaft (Bsp.: Anarchismus).

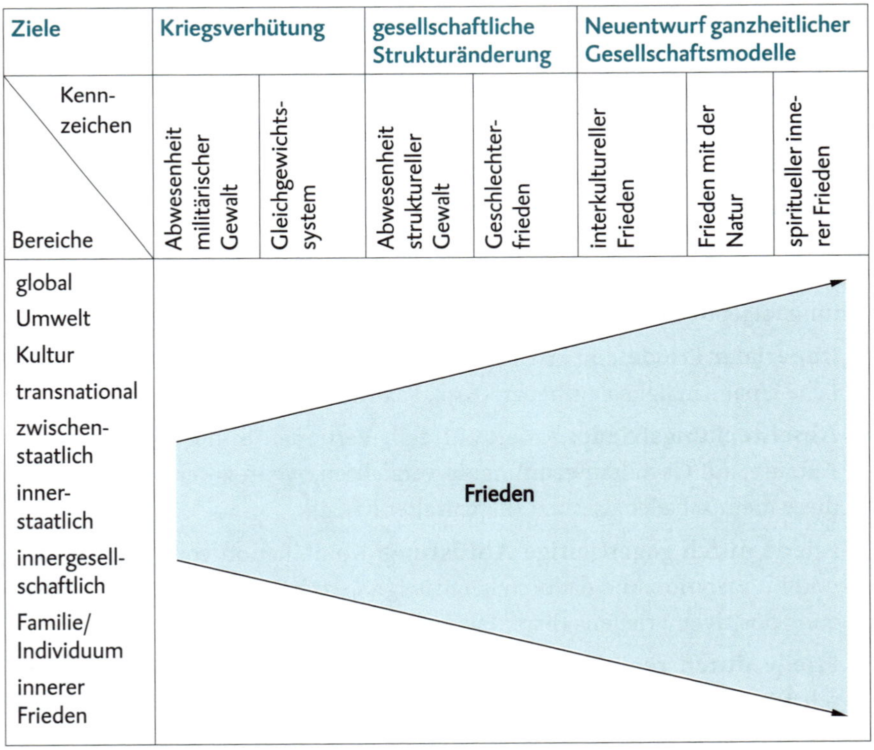

Die Spannweite des Friedensbegriffs

Frieden ist mehr als die Abwesenheit von Gewalt (negativer Frieden), aber diese ist eine Mindestbedingung, um von Frieden überhaupt sprechen zu können. Ein umfassender Friedensbegriff zielt – wie auch der umfassende Sicherheitsbegriff (s. o.) – auf die Beseitigung gesellschaftlicher Konfliktursachen. Erst dann kann von positivem Frieden oder von demokratischem Frieden die Rede sein. Diese Form von Frieden geht über in utopische Friedensentwürfe.

Sicherheitsbegriffe

Solange bewaffnete Konflikte und Kriege zu den internationalen Beziehungen gehören, sind Institutionen, mit denen Staaten für die Sicherheit ihrer Bürger sorgen wollen, nicht wegzudenken: Streitkräfte (z. B. Bundeswehr), Militärbündnisse (z. B. NATO) und Organisationen kollektiver Sicherheit (z. B. UN).

Sicherheit ist dabei in erweiterter Form zu sehen. Definierte eine bekannte Formel aus der Zeit des Ost-West-Konflikts **Sicherheit** als Summe aus **„Verteidigung + Entspannung“**, so gilt heute die Formel **„Sicherheit + Entwicklung = Frieden“**. Sicherheit ist vieldimensional und umfassend zu verstehen, militärische und polizeiliche Aspekte des Begriffs wurden erweitert um ökonomische, gesellschaftliche und kulturelle. Daher spricht man auch weniger von Sicherheit als Zustand, sondern von „Versicherheitlichung“ (securitization) als politischem Prozess, der präventive und gesellschaftliche Aspekte (z. B. Abbau von Gewaltbereitschaft, Demokratisierung) in den Mittelpunkt stellt.

Sicherheitsbegriff	Arten	Instrumente
traditionell	• innere Sicherheit eines Staates (Schutz der Bevölkerung vor kriminellem Handeln) • äußere Sicherheit eines Staates (Schutz vor Bedrohungen der Souveränität von außen; z. B. Aggression, diplomatischer Druck, Boykott) • internationale Sicherheit (äußerer Schutz der Mitglieder des Staatensystems)	• Polizei, Wohlfahrt usw. • Armee, Abschreckung, Bündnisse, Stärkung der Autarkie usw. • Machtabbau (z. B. Abrüstung), Machtkontrolle (z. B. Atomwaffensperrvertrag), Gleichgewicht usw.
umfassend	• wirtschaftliche, soziale, ökologische und militärische Sicherheit (Sicherheit vor Menschenrechtsverletzungen, vor Armut usw.) • „Human Security“	• wirtschaftliche, soziale, ökologische Maßnahmen, Vertrauensbildung, Abrüstung usw. • Schutz der Zivilbevölkerung (z. B. Diplomatie, Konflikt-Management)

Typisierung des Sicherheitsbegriffs

Im Zusammenhang mit traditionellen Sicherheitskonzepten werden insbesondere folgende Optionen diskutiert und in je spezifischer Form im Rahmen der UN auch praktiziert:

- **kollektive Sicherheit** (vgl. UN-Charta Kap. VII): Gewaltermächtigung nur durch ein Kollektivorgan (z. B. Sicherheitsrat), grundsätzliches Gewaltverbot (Ausnahme: Selbstverteidigung), Verpflichtung zur Akzeptanz und Unterstützung der Entscheidungen des Kollektivorgans;
- **kooperative Sicherheit** (vgl. UN-Charta Kap. VI): Friedenserhaltung durch Diplomatie, Friedenskonsolidierung nach einem Konflikt, Maßnahmen zur friedlichen Beilegung eines Konflikts (z. B. Schiedssprüche);
- **kooperative Friedenswahrung** („peace keeping"): „Blauhelm-Einsätze", auch mit „robustem Mandat" (z. B. Sudan, Zypern, Libanon);
- **kooperative Friedenserzwingung** („peace enforcing"): „Grünhelm-Einsätze", Militäreinsätze zur Herstellung eines Friedens (z. B. Koreakrieg 1950–1953, Zweiter Golfkrieg 1991).

Diese breite Palette von Sicherheitskonzepten findet sich programmatisch in der 1992 vom damaligen UN-Generalsekretär Boutros Boutros-Ghali vorgelegten **„Agenda für den Frieden"**. Mit ihr sind vier wesentliche Aspekte der internationalen Sicherheit verbunden:

- **vorbeugende Diplomatie** („preventive diplomacy", z. B. durch Einrichtung von Frühwarnsystemen, vertrauensbildende Maßnahmen),
- **Friedensschaffung** („peace making", durch eine ständig abrufbereite bewaffnete UN-Truppe, aber auch Schiedssprüche),
- **Friedenssicherung** („peace keeping", z. B. durch Blauhelm-Einsätze, Grenzkontrollen) und
- **Friedenskonsolidierung** („post-conflict peace-building", z. B. durch Entwaffnung der Kriegsparteien, Minenräumung).

Insbesondere die Aufstellung von UN-Truppen scheiterte aber, sodass die UN bei „peace making"- und „peace keeping"-Einsätzen weiterhin auf die Bereitschaft ihrer Mitglieder zur Bereitstellung von Truppen angewiesen ist (z. B. in Somalia und Mali). Deshalb muss die UN auch auf Organisationen regionaler Sicherheit zurückgreifen (z. B. NATO, AU).

Umfassende Sicherheitskonzepte

Umfassende Sicherheitskonzepte gehen davon aus, dass Konfliktpotenziale, wie z. B. Armut, Umweltzerstörung, Migration, dazu geeignet sind, den innerstaatlichen und internationalen Frieden zu stören. Im Zuge einer präventiven Strategie sollen soziale und andere Probleme vorbeugend gelöst werden, um bewaffnete Auseinandersetzungen zu verhindern. Letzten Endes wird in der Kategorie einer „Weltinnenpolitik" gedacht, die allein z. B. den Klimawandel und seine Folgen politisch bearbeitbar macht. Zum umfassenden Sicherheitskonzept gehört aber auch die Vorstellung, dass es die Definition einer Deutungsgemeinschaft ist, ob ein Problem sicherheitsrelevant ist.

Ein umfassendes Sicherheitskonzept strebt nach mehr als nur militärischer Vorbereitung im Sinne von Abschreckung („si vis pacem para bellum"). Der Friedensforscher Dieter Senghaas formuliert ein **„zivilisatorisches Hexagon"**, das ein umfassendes Sicherheitskonzept umschreibt, in dem sich sechs Faktoren gegenseitig stützen und verstärken: Gewaltmonopol des Staates, Rechtsstaatlichkeit, Affektkontrolle durch Interdependenz, politische Teilhabe, konstruktive Konfliktkultur und Verteilungsgerechtigkeit.

Auch der Versicherheitlichungsansatz betont die Notwendigkeit einer Gemeinschaftsbildung zwischen Mitgliedern unterschiedlicher Gesellschaften, letzten Endes also einer Weltgesellschaft.

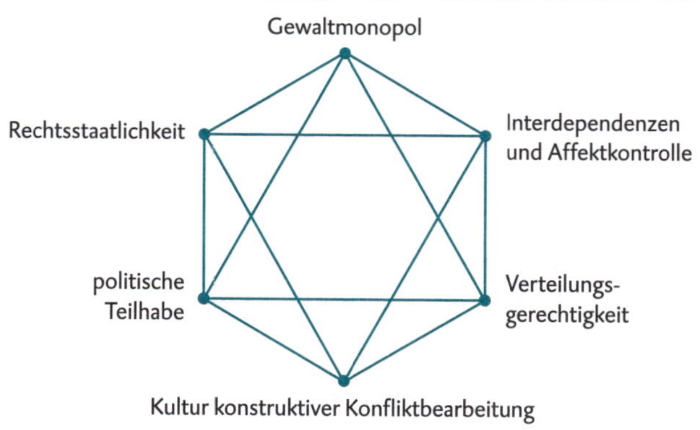

Das zivilisatorische Hexagon

1.3 Abrüstung und Rüstungskontrolle

Die Frage nach der Sicherheit ist unmittelbar verbunden mit der Frage nach den Mitteln, mit denen sie gewährleistet werden soll. Dazu zählt auch das Militär. Wie Staaten ihre Armeen ausrüsten und nach welchen Prämissen sie dabei vorgehen, macht das Sicherheitsdilemma (s. S. 9) ersichtlich.

So waren z. B. die erste Phase des Kalten Kriegs und der Beginn der 1980er-Jahre gekennzeichnet von einem rasanten konventionellen und atomaren **Wettrüsten** zwischen den beiden Weltmächten USA und UdSSR und ihren jeweiligen Bündnissen. Die Kuba-Krise 1962 zeigte jedoch, dass bis auf die Zähne bewaffnete Atommächte in Grenzsituationen in einen Krieg geraten können, der zur Vernichtung der Erde führen kann. Dies galt umso mehr, da man begonnen hatte, „overkill"-Kapazitäten aufzubauen, die sicherstellen sollten, dass man selbst im Falle eines nuklearen Überraschungsangriffs noch in der Lage gewesen wäre, den Angreifer selbst beim Gegenangriff zu vernichten oder doch zumindest empfindlich zu treffen.

Weil diese Situation auf Dauer unerträglich und hochriskant war, begann man mit Verhandlungen, die in verschiedene Abkommen (hier in Auswahl) mündeten:

Abkommen, die sicherstellen sollen, dass man miteinander kommuniziert, um Krisen direkt zu entschärfen und auf lange Sicht das gegenseitige Misstrauen abzubauen:

- **Einrichtung des „roten Telefons"** (1963): Der direkte Kontakt zwischen den Staatschefs der USA und der UdSSR wurde möglich, um unmittelbar aufeinander reagieren zu können.
- **Atomteststoppabkommen** (1963): Verbietet Versuche mit Kernwaffen in der Atmosphäre, im Weltraum und unter Wasser und wurde schrittweise erweitert. Es soll die Verseuchung der Erdatmosphäre und der Weltmeere unterbinden sowie Missverständnisse (z. B. Angriff) verhindern.
- **Vereinbarung über Atomunfälle** (1971): Sollte es zu Atomunfällen kommen, gilt eine Benachrichtigungspflicht unter den Supermächten, um Missverständnisse zu vermeiden.
- **OH-Vertrag** (1992): Der Vertrag über den Offenen Himmel (bzw. Open Skies) wurde als vertrauensbildende Maßnahme zwischen den NATO- und ehemaligen Warschauer-Pakt-Staaten geschlossen und beinhaltet die Erlaubnis, das Territorium des Partners zu überfliegen und Foto-, Radar- und Infrarot-Aufnahmen zu machen.
- **Vereinbarung zur Meldung von Raketenabschüssen** (2000): Vereinbarung zwischen den USA und Russland zur Unterrichtung über Raketenstarts und Weltraumflüge, um die Gefahr eines Atomkriegs zu verringern.

Abkommen, die Obergrenzen für bestimmte Waffenkategorien festlegen:

- **SALT I** (1972): Der Vertrag führte auf die Dauer von fünf Jahren eine Obergrenze für Strategische Atomwaffen ein, d. h. für Interkontinentalraketen (ICBM) und Raketen auf U-Booten.
- **ABM-Vertrag** (1972; von den USA 2001 gekündigt): Die Anzahl der Raketenabwehrsysteme wurde reduziert, damit eine Supermacht nicht aus einem vermeintlichen Schutzschild heraus einen Atomkrieg beginnen konnte.
- **SALT II** (1979; von den USA wegen des sowjetischen Einmarsches in Afghanistan 1979 nicht ratifiziert, aber eingehalten): Es wurden Obergrenzen für Trägersysteme (jetzt einschließlich Flugzeugen) festgelegt.
- **KSE** (1990; 2007 von Russland u. a. wegen der Osterweiterung der NATO einseitig ausgesetzt): Der Vertrag begrenzt die Zahl der konventionellen Streitkräfte in Europa.

Abkommen, die bestehende Waffenarsenale auf eine Höchstgrenze reduzieren sollen:

- **START I** (1991; gültig bis 2009): Der Vertrag legte die Absicht der USA und der UdSSR fest, ihre Bestände an Waffen mit einer Reichweite von über 5 000 Kilometer um ein Viertel zu reduzieren.
- **START II** (1993): Die Reduzierung der strategischen Waffensysteme wurde auf einen Höchstbestand von 3 500 (USA) bzw. 3 000 (Russland) Sprengköpfe festgelegt.
- **SORT** (2002): Das Abkommen zwischen den USA und Russland reduzierte die Zahl nuklearer Angriffswaffen bis 2012 auf 1 700–2 200 Sprengköpfe.
- **New START** (2010): Der Vertrag reduziert die Anzahl der strategischen Atomwaffen weiter auf je 1 550 Sprengköpfe bei je 800 Trägersystemen.

Abkommen, die bestimmte Waffengattungen ganz abschaffen sollten:

- **INF-Vertrag** (1987): Mit dem Vertrag wurden alle landgestützten Mittelstreckenraketen der USA und UdSSR unter Aufsicht demontiert und zerstört.

Abkommen, die verhindern sollen, dass sich andere Staaten mit bestimmten Waffengattungen ausrüsten:

- **Atomwaffensperrvertrag** (1968; 1995 zeitlich unbegrenzt verlängert): Er soll sicherstellen, dass neben den fünf offiziellen Atommächten keine weiteren Staaten Atomwaffen erhalten oder produzieren, damit ein Atomkrieg zwischen Regionalmächten verhindert werden kann.

Neben den direkten Abkommen zwischen den Super- und Großmächten über ihre Arsenale gibt es eine Reihe von Abkommen, die weltweit die Rüstung begrenzen und bestimmte Waffensysteme abschaffen sollen:

- **Verbot von biologischen Waffen und Toxinwaffen** BTWC (1972): Mit der Konvention sollte die Entwicklung, Herstellung und Lagerung dieser Waffen verboten sowie die Vernichtung der Bestände sichergestellt werden. Bislang gibt es keine Einigung auf ein Regime, das die Einhaltung der Konvention garantiert.
- **Chemiewaffen-Übereinkommen** CWC (1993): Damit sollten weltweit chemische Waffen verboten und bis 2007 vernichtet werden. Die USA und Russland haben aufgrund ihrer Bestände Probleme, diese Frist einzuhalten, und haben daher um eine Verlängerung ersucht, die laut Konvention möglich ist. Bis voraussichtlich 2020 muss die Beseitigung jedoch erfolgt sein.
- **Ottawa-Konvention** (1997): Mit dem völkerrechtlichen Vertrag vereinbarten die Vertragspartner das Verbot von Antipersonenminen. Wichtige Staaten wie China, die USA und Russland sind nicht beigetreten.

Die Wirksamkeit all dieser Abrüstungs-, Rüstungsbegrenzungs- und Rüstungskontrollabkommen hängt jedoch stark von der Bereitschaft der Staaten ab, ihnen beizutreten bzw. sie einzuhalten. Nicht erst die Diskussion um die Atompolitik Irans oder Nordkoreas, sondern schon die Existenz der Atommächte Israel, Indien und Pakistan zeigt, dass der Besitz von Nuklearwaffen für einige Länder als existenzsichernd angesehen wird oder als politisches Druckmittel Verwendung findet.

1.4 Internationaler Terrorismus

Ein weiteres wesentliches Sicherheitsproblem ist der internationale Terrorismus. Man kann ihn als eine grenzüberschreitende Gewaltanwendung mit politischer Zielsetzung und terroristischen Methoden definieren, die versucht, geplant und langfristig das Verhalten des Gegners zu beeinflussen. D. h., Einzelaktionen fallen ebenso wenig unter den Begriff wie spontane Gewalt. Außerdem muss es sich um Terroranschläge handeln, bei denen unschuldige Dritte bewusst in den Konfliktaustrag einbezogen werden. Terroristen streben auch nicht nach Eroberung, sondern nach der Beeinflussung des Handelns. So haben im März 2004 die Bombenanschläge auf die Vorortzüge von Madrid nicht nur 191 Menschenleben gekostet, sondern auch die spanische Parlamentswahl beeinflusst und dafür gesorgt, dass Spanien seine Truppen aus Irak abgezogen hat.

Das zentrale Beispiel für internationalen Terrorismus ist das Terrornetzwerk El Kaida, das in mehr als 50 Staaten der Welt „vertreten" ist. Wegen dieser **Netzwerkstruktur** ist El Kaida nur schwer beizukommen. Die einzelnen Terrorzellen werden regional gesponsert und operieren relativ unabhängig voneinander. Besiegbar scheint der internationale Terrorismus nur langfristig, indem vor allem seine ideologischen Wurzeln bekämpft werden. Zugleich muss der Schutz der eigenen Bevölkerung sichergestellt werden, indem die Terrorzellen erkannt und deren Mitglieder verhaftet werden. Ein Staat allein kann jedoch nicht das gesamte Netzwerk bekämpfen. Deshalb müssen auch die Sicherheits- und Strafverfolgungsbehörden neue grenzüberschreitende Strukturen ausbilden, indem sie sich konsequent vernetzen und international kooperieren. Damit jedoch kann die Ideologie der Terroristen nicht beseitigt werden. Das bedarf einer anderen Politik, die die Gunstfaktoren der Weltanschauung (z. B. dass man sich als Opfer des Westens versteht) beseitigt.

Während El Kaida als Netzwerk keine territorialen Strukturen aufbauen kann, ist der IS (Islamischer Staat) genau an solchen interessiert. In das Machtvakuum geschwächter Staaten (Irak, Syrien u. a.) greifen die Kämpfer des IS mit terroristischen Mitteln ein, um dort ein sogenanntes Kalifat zu errichten. Um westliche Staaten am Intervenieren zu hindern, werden Mord und Terror als Waffen eingesetzt (z. B. Enthauptungen).

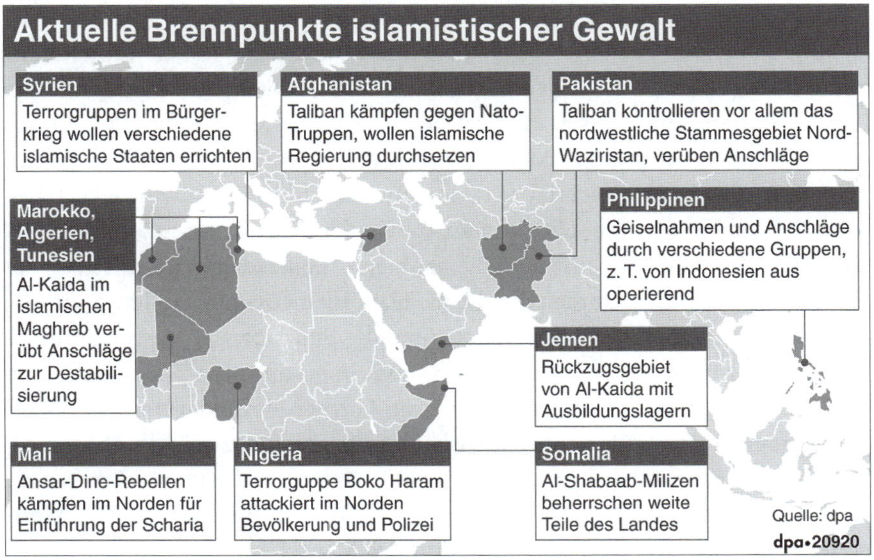

Aktuelle Brennpunkte islamistischer Gewalt (16. 5. 2014)

2 Sicherheit und Menschenrechte

2.1 Bedeutung der UN

Im umfassenden Friedensbegriff steht die Wahrung der Menschenrechte an prominenter Stelle. Von Frieden kann nicht die Rede sein, wenn die natürlichen Rechte des Menschen, z. B. das Recht auf Leben und körperliche Unversehrtheit, verletzt werden. Insgesamt ist die Menschenrechtslage im Weltmaßstab – wenn auch regional höchst unterschiedlich – prekär, und das trotz Anstrengungen der UN sowie regionaler Menschenrechtserklärungen und -institutionen (z. B. Europarat: Europäische Menschenrechtskonvention 1950; EU: Charta der Grundrechte 2000, 2007; Europäischer Gerichtshof für Menschenrechte 1998). INGOs wie Amnesty International und Human Rights Watch sowie Menschenrechtszentren in aller Welt dokumentieren zahlreiche Menschenrechtsverstöße: u. a. Folter, Hinrichtungen und Vergewaltigungen, aber auch Flucht und Vertreibung sowie Ausbeutung und Armut. Die **Sicherung der Menschenrechte gehört** daher **zu den zentralen Problemfeldern der internationalen Beziehungen**. Hier spielt die UN eine maßgebliche Rolle, bildet sie doch ein öffentliches Forum, um die Menschenrechte, insbesondere die von Frauen und Kindern, nicht nur zu thematisieren, sondern auch durch internationale Rechtsetzung zu schützen (z. B. Menschenrechtskonvention).

Hinzu trat auf Ebene der UN die Einrichtung eines neuen **Menschenrechtsrats** (2006), der die in die Kritik geratene Menschenrechtskommission (seit 1946) ersetzte. Dieser war vorgeworfen worden, als politisches Organ nicht wirksam genug gegen Menschenrechte verletzende Staaten vorzugehen (Problem: Abstimmungsverfahren). Darunter litt ihre Glaubwürdigkeit. Der neue Menschenrechtsrat sollte zudem zu einer stärkeren institutionellen Verankerung der Thematik in der UN beitragen. Er ist daher unmittelbar der Generalversammlung unterstellt. Seine Hauptinstrumente sind Monitoring der und periodische Berichterstattung über die Situation der Menschenrechte weltweit, regional oder länderspezifisch sowie in bestimmten Themengebieten (z. B. Folter, Minderheitenrechte, moderne Formen der Sklaverei). Seine genaue Arbeitsweise (z. B. welche Mehrheiten für eine Verurteilung nötig sind) und die Kompetenzwahrnehmung müssen sich noch in der Praxis einspielen.

Die UN verfügt darüber hinaus über ein **Hochkommissariat für Menschenrechte** (UNHCR), das den Ausbau des Menschenrechtsschutzes in den Mitgliedstaaten unterstützen soll, sowie über Kontrollausschüsse zu jedem Menschenrechtspakt (z. B. Ausschuss gegen Rassismus, Frauenrechts-Ausschuss, Behindertenrechte-Ausschuss). Diese bestehen aus Rechtsexperten, deren Aufgabe es ist, zu überprüfen, ob die Mitgliedstaaten vertraglich vereinbarte Verpflichtungen einhalten. Die Vertragsstaaten sind daher in regelmäßigen Abständen berichtspflichtig. Des Weiteren sind z. T. auch Individualbeschwerden möglich.

1948	Allgemeine Erklärung der Menschenrechte
1951	Abkommen über die Rechtsstellung der Flüchtlinge (Genfer Flüchtlingskonvention)
1956	Zusatzübereinkommen über die Abschaffung der Sklaverei, des Sklavenhandels und sklavereiähnlicher Einrichtungen und Praktiken
1965	Internationales Übereinkommen zur Beseitigung jeder Form von Rassendiskriminierung
1966	Internationaler Pakt über wirtschaftliche, soziale und kulturelle Rechte (Sozialpakt = Pakt I)
1966	Internationaler Pakt über bürgerliche und politische Rechte (Pakt II)
1966	Fakultativprotokoll zum Pakt II (Individualbeschwerdeverfahren)
1979	Übereinkommen zur Beseitigung jeder Form von Diskriminierung der Frau (Frauenrechtskonvention)
1984	Übereinkommen gegen Folter und andere grausame, unmenschliche oder erniedrigende Behandlung oder Strafe
1989	Übereinkommen über die Rechte des Kindes
1989	2. Fakultativprotokoll zum Pakt II zur Abschaffung der Todesstrafe
1999	Fakultativprotokoll zum Übereinkommen zur Beseitigung jeder Form von Diskriminierung der Frau (Individualbeschwerdeverfahren)
2000	Fakultativprotokoll zum Übereinkommen über die Rechte des Kindes betreffend die Beteiligung von Kindern an bewaffneten Konflikten
2000	Fakultativprotokoll zum Übereinkommen über die Rechte des Kindes betreffend den Verkauf von Kindern, die Kinderprostitution und die Kinderpornografie

Universelle Menschenrechtsverträge (in Auswahl)

In den Kontext der Sicherung der Menschenrechte gehört auch der **Ausbau des internationalen Rechts**. Dieses soll zur Zivilisierung der internationalen Beziehungen beitragen und Völkermord und andere schwere Verbrechen (vgl. Nürnberger Prozesse 1946: Kriegsverbrechen, Verbrechen gegen die Menschlichkeit) ahndbar machen. Das 1993 vom UN-Sicherheitsrat eingesetzte **Internationale Kriegsverbrechertribunal** in Den Haag führte zu einer Stärkung des internationalen Rechts (Anklagen wegen Kriegsverbrechen und Verbrechen gegen die Menschlichkeit im Kontext des Zerfalls Jugoslawiens, z. B. gegen den vormaligen jugoslawischen Staatschef Slobodan Milošević). In dieselbe Richtung geht die Gründung des **Internationalen Strafgerichtshofs** (International Criminal Court, ICC; 1998), der anders als ein Kriegsverbrechertribunal seit 2002 permanent tagt und damit eine kontinuierlichere Verfolgung internationaler Straftaten ermöglicht. Allerdings traten nicht alle Staaten dessen Statut bei (z. B. USA), was auf ein Grundsatzproblem des Rechtsschutzes in den internationalen Beziehungen hinweist: Da internationales Recht nur von nationalen Behörden vollzogen werden kann, müssen die Staaten es kodifizieren, damit es innerhalb ihrer Grenzen angewendet werden kann.

Beispiel: Frauenrechte

Auch auf diesem Gebiet zeigen sich **Defizite**, obwohl die UN seit Langem die Rechte von Frauen besonders schützen will (z. B. Deklaration gegen jede Form von Gewalt gegenüber Frauen 1993). In vielen Ländern wird die körperliche Unversehrtheit von Frauen jedoch missachtet, z. T. sogar mit kulturellen Traditionen ausdrücklich begründet (z. B. Klitorisbeschneidung). Auch Praktiken wie Zwangssterilisationen und die „pränatale Selektion" von Mädchen (gezielte Abtreibung weiblicher Föten) gehören dazu.

Trotz einer Reihe internationaler Abkommen ist diesen Praktiken jedoch kaum beizukommen, da große Länder sich die **Einmischung in innere Angelegenheiten** verbitten und kleinere Länder besonders auf **kulturelle Traditionen** hinweisen. Hier zeigt sich außerdem ein besonderes Dilemma: Universale Rechtsnormen kollidieren mit der Auffassung gleichberechtigter Kulturen als Voraussetzung des interkulturellen Dialogs. Ohne die Überzeugung von der Gültigkeit universaler Menschenrechte wird sich jedoch kein gleichartiger Standard des Menschenrechtsschutzes auf der Welt durchsetzen können.

2.2 Grenzen des Menschenrechtsschutzes

Grenzen des UN-Einflusses

Zwar hat die UN ein beeindruckendes Netz an Institutionen geschaffen, um die Menschenrechte weltweit zu sichern bzw. breiter zu verankern, aber die Umsetzung von Beschlüssen dieser Organe ist an die Bereitschaft der Mitgliedstaaten dazu gebunden. Weigern sich diese oder verschleppen sie die Umsetzung, kann die UN nur sehr langsam reagieren, im Falle großer und mächtiger Staaten, wie z. B. der Volksrepublik China, sogar nur ohnmächtig zusehen, da weiterreichende Beschlüsse, z. B. Sanktionen, Entscheidungen des Sicherheitsrats voraussetzen.

Die UN ist keine „Weltpolizei“, sie verfügt nicht über eine eigene Polizeitruppe oder eigene Militärverbände (s. S. 54 ff.), sondern ist auf die Unterstützung ihrer Mitgliedstaaten angewiesen. **Menschenrechtsrhetorik und Menschenrechtspraxis von Staaten klaffen zuweilen weit auseinander**, insbesondere dann, wenn es zu deren Durchsetzung auch des massiven Ressourceneinsatzes (z. B. Geld, Sachleistungen, Personal) bedarf.

Humanitäre Interventionen zum Schutz der Menschenrechte?

Damit ist auch die weitergehende Frage nach dem Recht oder gar der Verpflichtung zu humanitärer Intervention angesprochen. Darf man zum Schutz der Menschenrechte in souveränen Staaten auch militärisch intervenieren? Diese Frage nach einer Schutzverantwortung stellt sich umso mehr, weil in der Diskussion um die Menschenrechte höchst unterschiedliche Standpunkte vertreten werden, was deren universellen Charakter betrifft. So lehnen einige Länder einseitige Individualrechte als „westliches Konstrukt“ ab. Im Zuge der Globalisierung stoßen hier unterschiedliche Identitätsvorstellungen und universale Normen aufeinander.

Sogenannte humanitäre Interventionen sind kein Bestandteil der UN-Charta. Im Gegenteil geht diese von der **Souveränität jedes Mitgliedstaates** und damit von der **prinzipiellen Nichteinmischung in innere Angelegenheiten** eines Landes aus. Nur bei Störung des Weltfriedens kann die UN aktiv werden. Wann aber liegt eine solche Störung vor? Und wo sind die Grenzen zur Machtpolitik der UN überschritten? Wie steht es um die Verhältnismäßigkeit der Mittel? Und darf man „wegsehen“, wenn innerhalb eines Staates schwere Menschenrechtsverletzungen (z. B. sog. ethnische Säuberungen oder Bürgerkriege) stattfinden? Wie ist es überhaupt um den Menschenrechtsschutz bestellt, wenn dessen Sanktionierung an der Grenze endet? Und wer entscheidet letzten Endes über solche Interventionen? Unter dem Eindruck massiver Menschenrechtsverletzungen (Völkermord in Ruanda, ethnische Säuberungen im Kosovo) haben sich die UN-Mitgliedstaaten in Fällen des Genozids 2005 auf eine **Schutzverantwortung** („responsibility to protect“; Schlussdokument des UN-Millennium + 5-Gipfels) verständigt, die eine Intervention zulässt. Eine Entschließung des Weltsicherheitsrats ermöglichte 2011 den Einsatz von NATO-Truppen zum Schutz der Rebellen in Libyen. Damit griff die Völkergemeinschaft aufseiten einer Partei in einen innerstaatlichen Konflikt ein, was zum Sturz des herrschenden Regimes führte. Da eine solche Intervention eine entsprechende Abstimmung im UN-Sicherheitsrat voraussetzt, sind die ständigen Mitglieder in einer Vetoposition. In Syrien kam es daher bisher nicht zu einer koordinierten Intervention (Stand: August 2015).

3 Globalisierung

Das Phänomen der **Globalisierung** ist an sich nicht neu. Globalisierungsprozesse gab es seit dem Ausgreifen der europäischen Mächte in die Welt (z. B. East India Company, Britisches Empire). Jedoch hat sich die Entwicklung seit den 1990er-Jahren deutlich beschleunigt und dynamisiert – zumindest was die OECD-Länder betrifft. Auch sonst muss man deutlich differenzieren, um Fehlschlüsse über Ausmaß und Umfang der Globalisierung zu vermeiden.

Eine sinnvolle Beschäftigung mit der Globalisierung ist daher nur möglich, wenn man das Phänomen beschreiben und messen, seine Ursachen bestimmen und seine Konsequenzen benennen kann.

Begriff	Inhalt	Beurteilung
enger Globalisierungsbegriff (z. B. politische Ökonomie)	zunehmende Ausdehnung und Intensität ökonomischer Austauschbeziehungen über nationale Grenzen hinweg; globale Marktwirtschaft	Vorteil: Konzentration auf einzelne Phänomene möglich (z. B. Arbeitsmarkt) Nachteil: Beschränkung auf Ökonomie
weiter Globalisierungsbegriff (z. B. Soziologie)	gesellschaftlicher und kultureller Prozess, in dem sich die Lebenswelten von Menschen durch Entgrenzungen zunehmend entterritorialisieren; Transformation von Staatlichkeit	Vorteil: Blick auf Auswirkungen möglich (z. B. politischer Kulturwandel) Nachteil: Operationalisierbarkeit schwierig

Der Begriff „Globalisierung“

3.1 Triebkräfte der Globalisierung

Globalisierung ist kein Zustand, sondern ein Prozess der internationalen Beziehungen, der länderübergreifend v. a. ökonomische Vernetzungen zur Folge hat, aber auch soziale und politische Konsequenzen nach sich zieht. Tendenziell führt diese Entwicklung der Entgrenzung bzw. Öffnung von Nationalstaaten zu einem Weltbinnenmarkt bzw. einer Weltgesellschaft. Dabei greifen mehrere Entwicklungen auf unterschiedlichen Ebenen ineinander, die auf je eigene Art zur Öffnung und Überschreitung staatlicher Grenzen beitragen (s. S. 107):

Am Beispiel der technischen Entwicklungen, wie z. B. der Gentechnik, kann man die Mechanismen gut nachvollziehen, da sie alle Staaten gleichermaßen beeinflussen. Wie die Staaten darauf reagieren (können), hängt aber von ihren innerstaatlichen Bedingungen ab (z. B. ist die Bundesrepublik ein wirtschaftlich potentes Land, das im Verbund mit seinen Partnern in der EU potenziell stärkere Regulierungsmacht hat als kleine und arme Staaten).

Denkbare Politikwege sind Abschottungsversuche **(Protektionismus)** oder Marktöffnungen **(Freihandel)**, wobei exportorientierte Wirtschaften (z. B. Deutschland) eher an letzterem interessiert sind, zumindest was ihre eigenen Güter betrifft. Das schließt nicht aus, dass für einzelne Wirtschaftssektoren auch Abschottungsstrategien gefahren werden (z. B. EU-Agrarmarkt), um den heimischen Markt zu schützen. Dass dabei im Falle der Gentechnik auch auf gesundheitliche Risiken verwiesen werden kann, begünstigt die Abschottungspolitik innenpolitisch. Die Anbieter gentechnisch veränderter Produkte sehen darin lediglich ein ideologisch verbrämtes Scheinargument, das hilft, ihnen den Marktzugang zu verstellen. Diese Debatte ist gut am Streit um TTIP nachzuvollziehen (Stichwörter: Chlorhühnchen, Schiedsgerichte).

Analyseebene	Triebkräfte
global	z. B. technische Entwicklungen, sinkende Kosten für Transport und Kommunikation
innerstaatlich	z. B. Einkommensniveau, Entwicklungsstand, Größe des Staates und Bevölkerungszahl, Stabilität politischer Institutionen
zwischenstaatlich	z. B. Kooperationen mit Nachbarstaaten, Meistbegünstigungsabkommen, Freihandelszonen

Triebkräfte der Globalisierung

3.2 Auswirkungen der Globalisierung

Wie die Triebkräfte, so finden sich auch die Auswirkungen der Globalisierung auf unterschiedlichen Ebenen und in unterschiedlichen Politikfeldern (z. B. Wirtschaft, Ökologie, Menschenrechte). Zugleich stehen diese in **Interdependenz**, d. h., man hat es mit **Ursache-Folge-Ketten** zu tun, die **stark miteinander verschränkt** sind. Zum Teil waren diese schon im Zeitalter der Industrialisierung zu beobachten (z. B. Landflucht, Verelendung), nur findet man sie heute eben in transnationalem und globalem Maßstab (z. B. Migrationsströme). So riskieren nicht wenige Afrikaner z. T. sogar mit Schlauchbooten die riskante Überfahrt über das Mittelmeer, um der Armut in ihren Herkunftsländern zu entgehen und am europäischen Wohlstand teilzuhaben.

Außerdem zieht der freie Handel nicht nur positive, sondern auch negative Effekte nach sich, wie z. B. den in globalen Netzwerkstrukturen organisierten **internationalen Terrorismus** (s. S. 98 f.). Dessen Akteure können die Kommunikations- und Verkehrswege für ihre Zwecke nutzen, um miteinander in (virtuellen) Kontakt zu treten. In Echtzeit ist so eine Koordination von Aktionen oder Anschlägen möglich, ohne dass sich die Beteiligten selbst je getroffen haben. Was für die Wirtschaft sinnvoll ist, entpuppt sich in diesem Fall als Risiko für die Sicherheit der Staaten, dem schwer beizukommen ist. Denn jede Beschränkung der Freiheit träfe zugleich Wirtschaft und Gesellschaft.

Am meisten wird die Frage nach der **Steuerungsfähigkeit** des Staates im Zeitalter der Globalisierung diskutiert, v. a. auf den Feldern Arbeitsmarkt-, Währungs-, Sozial- und Umweltpolitik. Auch hier gibt es unterschiedliche Hypothesen. Anhand zweier sich widersprechender Annahmen soll das beispielhaft erläutert werden:

Ansatz	Inhalt
Effizienz-hypothese	Ausgangspunkt: Offenheit der Märkte führt zu höherem Wettbewerb zwischen Standorten; d. h., Marktteilnehmer verlagern ihre Aktivitäten je nach Gewinnerwartung; alle Staaten versuchen, die Attraktivität der Standorte im Land zu steigern (z. B. durch wirtschaftliche Stabilität, niedrige Löhne, Rechtssicherheit); Druck steigert so die Effizienz des Markts und begünstigt den Abbau staatlicher Regulation, Standards (z. B. Arbeits-, Umweltschutz) und Steuereinnahmen. Folge: Der Staat verliert an Bedeutung.
Kompensations-hypothese	Ausgangspunkt: Staaten können auch im Zeitalter der Globalisierung wirtschaftliches Handeln beeinflussen; je nach politischem System, wirtschaftlichen und sozialen Strukturen geschieht das unterschiedlich; Staaten gleichen Globalisierungsfolgen im Inneren aus, um sozialen Frieden zu erhalten (z. B. Sozialstaat, Subventionen). Folge: Die Staatstätigkeit wächst.

Die Steuerungsfähigkeit von Staaten im Kontext der Globalisierung

Beide Hypothesen erscheinen plausibel. Jedoch weisen empirische Forschungen eher auf eine Ausweitung der Staatstätigkeit (z. B. in Gestalt von „flankierenden“ Maßnahmen) hin als auf einen Abbau staatlicher Handlungsfähigkeit. So zeigten die Reaktionen auf die Bankenkrise 2009 und die Bemühungen zur Stabilisierung des Euro seit der Griechenlandkrise 2010, dass die Staaten durchaus willens sind, die globalen Finanzmärkte zu beeinflussen. Allerdings binden sie dadurch ihre Ressourcen und können sich kaum mehr aus dem eingegangenen Engagement lösen. Schlimmer noch: Jede Intervention beeinflusst den Markt, der darauf spekuliert und so weiteren Interventionsbedarf erzeugt. Auch auf anderen Politikfeldern schränken die Staaten dadurch ihre

Handlungsfähigkeit ein – wenn nicht eine höhere Steuerquote oder Staatsverschuldung die Folge sein soll.

Das trägt dazu bei, dass die Debatte um Globalisierungsfolgen in der Regel entlang von Weltanschauungen und z. T. höchst emotional und polemisch geführt wird. Zwar lässt sich in einzelnen Wirtschaftssektoren im Sinn der Effizienzhypothese eine **Tendenz zur Verlagerung in Billiglohnländer** (z. B. „Ausflaggen von Schiffen“, Billigfluglinien) feststellen, aber eine **Standardabsenkung ins Bodenlose** ist schon deshalb **nicht möglich**, weil Staaten mit hohen Standards Druck ausüben können, indem sie z. B. Vorschriften erlassen, die zur Standarderhöhung zwingen (z. B. Berechtigungen zur Einfahrt in Häfen, Überflug- und Landeverbot für Fluglinien).

Ein weiterer Prozess führt dazu, dass Globalisierung nicht mit einem Verschwinden des Staates oder dem Verlust seiner Steuerungsfähigkeit einhergeht: Staaten sind in der Lage, transnationale Problemlösungen zu entwickeln. Man findet Steuerungsmechanismen in Gestalt von **globalen Politiknetzwerken** vor, die neben staatlichen Stellen auch internationale Organisationen (z. B. UN) und NGOs einbinden (z. B. in der Menschenrechtspolitik). Das ist deshalb wichtig, weil die Globalisierung zwar **hohe Wohlstandsgewinne** hervorgebracht hat, aber auch ebenso **große Konfliktpotenziale** von der lokalen bis zur globalen Ebene. Im Übrigen sind die Gewinne aus der Globalisierung höchst unterschiedlich verteilt, was die Frage nach der politischen Steuerung und nach der Wohlstandsverteilung auf eine andere Ebene hebt – auf die **Ebene der globalen Gerechtigkeit** (s. S. 108 ff.). Auch hier gilt: Politik ist ein dauerndes Ringen um Ressourcen und ihre Verteilung. Sie bewegt sich zwischen Selbstbindung und als notwendig erachteten Reaktionen. Dieses Verhältnis wird in Zeiten der Globalisierung neu bestimmt, aber noch immer ist es Aufgabe der Politik, jetzt zunehmend im internationalen bzw. globalen Maßstab, die **Ressourcenverteilung** zu steuern.

Beispiele für zentrale Herausforderungen im Rahmen der Globalisierung

4 Globale Gerechtigkeit und Entwicklung

Die weltweit ungleiche Wohlstandsverteilung – laut UN-Fortschrittsbericht 2012 leben 2015 etwa 1 Mrd. Menschen in absoluter Armut, also von weniger als 1,25 US-Dollar/Tag – gehört zu den zentralen Problemen der internationalen Beziehungen. Daher zählt die Armutsbekämpfung wie Friedenserhaltung und Umweltschutz zu den zentralen Zielen der UN und ihrer Mitgliedstaaten. Die reichen Länder legen deshalb Programme auf, um zur Entwicklung der armen Länder beizutragen. Diese kann man trotz aller Unterschiede nach ökonomischen, soziodemografischen, ökologischen, soziokulturellen und politischen Merkmalen bzw. Problemlagen als **Entwicklungsländer** klassifizieren, d. h. als Länder, die nicht in der Lage sind, erheblichen Teilen ihrer Bevölkerung grundlegende Existenzbedürfnisse zu befriedigen. **Schwellenländer** sind dagegen dabei, sich zu industrialisieren, ohne jedoch schon den Stand der Industrieländer erreicht zu haben.

Merkmal	Ausprägung
ökonomisch	• geringes durchschnittliches Pro-Kopf-Einkommen • extrem ungleiche Einkommensverteilung • hohe Arbeitslosigkeit • hohe Analphabetenquote • geringe Produktivität • unzulängliche Infrastruktur • starker primärer Wirtschaftssektor mit Industrie-Enklaven • Abhängigkeit von wenigen Exportgütern • hohe Auslandsverschuldung
soziodemografisch	• niedrige durchschnittliche Lebenserwartung • unzureichende medizinische Versorgung • hohe Geburtenziffern • Dominanz junger Jahrgänge • Landflucht
ökologisch	• ökologischer Raubbau • Zerstörung besonders anfälliger Ökosysteme
soziokulturell	• starke Bindung an traditionelle Gemeinschaften • gering ausgebildete Loyalität gegenüber dem Staat • geringere soziale Rollendifferenzierung
politisch	• autoritärer Staat • verbreitete Korruption • inner- und außerstaatliche Konflikte

Merkmale und Ausprägungen von Unterentwicklung

4.1 Entwicklungsstrategien

Den Entwicklungsproblemen versucht man auf unterschiedliche Art beizukommen, wobei diese Strategien sich auch als solche des „trial and error" herausgestellt haben. Insgesamt lassen sich zwei Grundansätze festhalten: **Modernisierungs-** und **Dependenz-Theorien**.

Ansatz	Umsetzung
Modernisierungsansätze	• Ausgangspunkt: interne Faktoren (z. B. Entwicklungsblockaden: soziokulturelle Strukturen, mangelnde ökonomische Dynamik) • Bedeutung des Weltmarkts: positiv, da Chance • Strategien: nachholende Entwicklung, Wachstum, Einbindung in den Weltmarkt
Dependenzansätze	• Ausgangspunkt: externe Faktoren (z. B. Kolonialismus mit bewusster Unterentwicklung) • Bedeutung des Weltmarkts: negativ, da systembedingtes Zentrum-Peripherie-Gefälle • Strategien: zumindest zeitweise Abkoppelung vom Weltmarkt, Binnenentwicklung, Organisation der Entwicklungsländer

Entwicklungstheorien/-ansätze

Neuere Strategien setzen auf die Sicherung der Grundbedürfnisse der Menschen und auf nachhaltige („sustainable") Entwicklung, so auf dem Millenniumsgipfel 2000, auf dem acht **„Millennium Development Goals"** (MDG) formuliert wurden:

- Ziel 1: Den Anteil der Weltbevölkerung, der unter extremer Armut und Hunger leidet, halbieren
- Ziel 2: Allen Kindern eine Grundschulausbildung ermöglichen
- Ziel 3: Die Gleichstellung der Geschlechter fördern und die politische, wirtschaftliche und soziale Benachteiligung von Frauen bekämpfen, besonders im Bereich der Ausbildung
- Ziel 4: Die Kindersterblichkeit verringern
- Ziel 5: Die Gesundheit der Mütter verbessern
- Ziel 6: HIV/AIDS, Malaria und andere übertragbare Krankheiten bekämpfen
- Ziel 7: Den Schutz der Umwelt verbessern
- Ziel 8: Eine weltweite Entwicklungspartnerschaft aufbauen

Deutlich wird, dass Entwicklung nun in einem umfassenden Sinn und nicht mehr nur als wirtschaftliche Aufgabe verstanden wird. Die Interdependenz der einzelnen Faktoren wird erkannt und Entwicklung als Gemeinschaftsprojekt unter Beteiligung von NGOs definiert.

4.2 Schwierigkeiten

Die Probleme sind jedoch noch immer deutlich. Zwar haben die entwickelten Staaten prinzipiell akzeptiert, jährlich 0,7 % des BSP an Entwicklungsländer zu geben, aber kaum ein Land erreicht diese Marge. So liegt der Anteil in Deutschland derzeit bei 0,37 %. Auch werden die Mittel nicht nach Bedürftigkeit allein, sondern unter Bevorzugung bestimmter Länder (z. B. frühere Kolonien) aufgewendet. So bleiben die Ergebnisse trotz erheblicher Transferleistungen hinter den Erwartungen zurück. Im Monterrey-Konsens (2002) haben sich u. a. die EU-Länder dennoch erneut auf das 0,7 %-Ziel bis 2015 verpflichtet. Um zu einer sinnvolleren Verwendung der bereitgestellten Mittel zu kommen, suchen die Geberländer nun vermehrt den Dialog mit den Nehmerländern, um gemeinsam bessere Rahmenbedingungen für Entwicklungsprojekte zu schaffen. Die Probleme der Entwicklungsländer (vgl. Ausprägungen von Unterentwicklung S. 108) sind zum Teil jedoch so gewaltig, dass an eine schnelle Besserung nicht zu denken ist.

Immerhin wird die Schuldenproblematik angegangen, um die Entwicklungsländer aus dem Teufelskreis von Schuldenaufnahme und sich verstärkender Zahlungsunfähigkeit (je höher die Schulden, desto riskanter der Kredit, desto höher die Zinsen, desto höher der Schuldendienst) zu befreien.

Die Motive der Geberländer sind dabei durchaus auch eigennützig. Konflikte in Entwicklungsländern führen zu einer Verstärkung der Migrationsströme. Auch wird Entwicklungspolitik im Kontext von Umweltpolitik und Klimaschutz verstanden. Entwicklung verhindert den Raubbau an der Umwelt, z. B. am tropischen Regenwald, und trägt so zur Sicherung des Weltklimas bei. Wie man die Ziele von Umweltschutz und Entwicklung jedoch gleichermaßen erreichen kann, ist strittig. Hier wittern Staaten wie China eine Benachteiligung und blockieren daher Beschlüsse zum Klimaschutz.

4.3 Schuldenerlass

Im Kontext der Entwicklungsdiskussion wird häufig die Frage gestellt, ob nicht ein Schuldenerlass für die hochverschuldeten Entwicklungs- bzw. armen Länder (HIPC) notwendig sei, damit sie durch eine Entschuldung überhaupt erst auf die Beine kämen. Insbesondere INGOs fordern dies seit den 1990er-Jahren verstärkt. Die entwickelten Länder haben darauf mit mehreren Entschuldungsaktionen reagiert. Im Jahr 2005 beschlossen z. B. die Finanz- und Wirtschaftsminister der 184 Mitgliedstaaten des Internationalen Währungsfonds (IWF) und der Weltbank, bis zum Jahresende insgesamt 56 Mrd. US-Dollar an Forderungen zu streichen.

Von den 39 HIPC-Staaten liegen die meisten in Afrika, südlich der Sahara. Die Weltbank unterscheidet drei Gruppen von Staaten, von denen 32 Hilfe erhalten können, weil sie die Voraussetzungen erfüllen, weitere 4 sich immerhin um gute Voraussetzungen bemühen und 3 prinzipiell Hilfe bekommen könnten, aber noch zu wenig unternommen haben (Stand: Ende 2014). Als Voraussetzung gilt eine gute Regierungsführung (vgl. „good governance", S. 120 f.), die z. B. in der Bekämpfung der Korruption und im Streben nach wirtschaftlicher Stabilität auch umgesetzt wird.

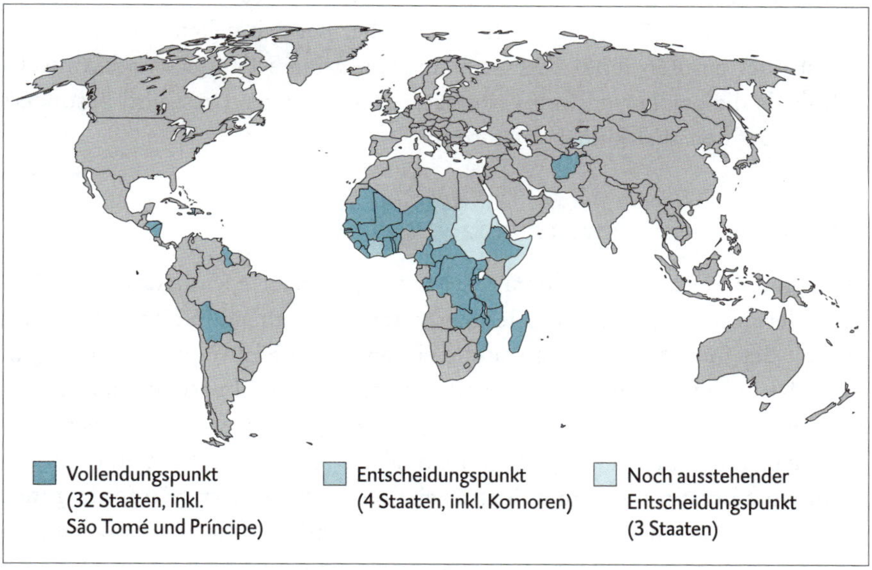

Von der Weltbank unterschiedene HIPC-Staaten

Der **Erfolg von Entschuldungsaktionen** ist jedoch **umstritten**. So gilt als problematisch, dass auch undemokratische Regime von der Hilfe profitieren und sie nicht bei den Ärmsten ankommt. Außerdem wird kritisiert, dass das Wirtschaftswachstum nicht steigt, wenn lediglich Schulden gestrichen werden, die nur noch auf dem Papier existieren und längst abgeschrieben sind. Des Weiteren sei der Beschluss von Programmen zur Korruptionsbekämpfung keine Garantie für deren Umsetzung, denn das setze auch einen Mentalitätswechsel voraus. Und schließlich steige mit jedem Schuldenerlass die Versuchung, auf solche Maßnahmen zu setzen, anstatt Schulden zu vermeiden. Aber auch die Kreditgeber geraten in die Kritik. Wer seine Märkte nicht öffnet, sondern mit Handelsschranken schützt, verteuere den Export aus den Entwicklungsländern und erhöhe so den Schuldendruck. Er nehme also mit der einen Hand, um mit der anderen einen Teil als Schuldenerlass zurückzugeben.

5 Energie, Klima- und Umweltschutz

Zu den zentralen Herausforderungen der internationalen Beziehungen im 21. Jahrhundert gehören insbesondere die Sicherung der Energieversorgung, der Erhalt der Umwelt und die Vermeidung einer Klimakatastrophe. Diese Ziele hängen eng mit der wirtschaftlichen Entwicklung der Weltregionen zusammen. So steigt etwa der Energiebedarf Chinas mit seinem Industrialisierungsgrad immer stärker an. Damit wiederum nimmt auch der Ausstoß an klimaschädlichen Gasen zu, ohne jedoch schon den absoluten Wert der USA erreicht zu haben. China, das sich als Sprecher der Schwellen- und Entwicklungsländer berufen fühlt, vertritt damit eine andere Energie- und Umweltpolitik als die etablierten Industriestaaten des Westens. Dies wird besonders deutlich auf den Weltklimakonferenzen.

5.1 Klima- und Umweltschutz

Der von der Mehrzahl der Klimaforscher prognostizierte Klimawandel ist insbesondere von einem globalen Temperaturanstieg geprägt. In erster Linie wird die seit der Industrialisierung ständig zunehmende Einbringung von CO_2 in die Erdatmosphäre dafür verantwortlich gemacht. Die Klimaschutzpolitik zielt daher vor allem darauf ab, die Emission von Treibhausgasen zu verringern, um so einen Temperaturanstieg von mehr als 2 °C im Vergleich zur Durchschnittstemperatur vor dem Industriezeitalter zu verhindern **(Kopenhagener Erklärung)**. Das Instrument dazu sind Selbstverpflichtungen der Staaten, die im Rahmen von Weltklimakonferenzen ausgehandelt werden.

Die folgende Übersicht zeigt deutlich, welche Schwierigkeiten bei der Etablierung von internationalen Regimen zum Klimaschutz vorhanden sind. Nicht nur müssen alle Mitgliedstaaten sich auf Ziele einigen, diese müssen zudem noch rechtsverbindlich festgeschrieben werden. Das können wiederum nur die einzelnen Staaten, die wie z. B. die USA oder China unterschiedliche Interessen verfolgen und dem Klimaschutz nicht die oberste Priorität einräumen, sondern ihren ökonomischen Zielen. Verringern aber solch große Staaten ihren CO_2-Ausstoß nicht, dann ist das Problem nicht in den Griff zu bekommen und sogar das nicht sehr ehrgeizige 2 °C-Ziel von Kopenhagen bleibt unerreichbar. Immerhin sind mittlerweile über 190 Staaten der Klimarahmenkonvention von Rio beigetreten, darunter auch die Hauptverursacher der Treibhausgasemissionen: die USA, Russland, die EU-Staaten, China und Indien.

1979	**1. Internationale Klimaschutzkonferenz** in Genf: Abschluss-Deklaration weist auf die Zunahme des CO_2-Gehaltes in der Atmosphäre hin; Grundlage für die Schaffung des Weltklimaprogramms (WCP)
1987	**Internationale Konferenz zum Schutz der Ozonschicht** in Montreal: 48 Staaten verpflichten sich im „Montrealer Protokoll" (tritt 1989 in Kraft) dazu, ihre Produktion von FCKW bis 1999 schrittweise auf 50 % zu reduzieren.
1988	**1. Weltklimakonferenz** in Toronto: Diskussion über die Erderwärmung und Appell zum Handeln. **Gründung IPCC:** Einrichtung eines zwischenstaatlichen Arbeitsgremiums über Klimaveränderungen
1990	**2. Weltklimakonferenz** in Genf: Feststellung, dass die Emission von Treibhausgasen durch den Menschen zur Erderwärmung führt; Grundlage für den Beschluss der UN-Vollversammlung im Dezember 1990, einen zwischenstaatlichen Verhandlungsprozess zur Vorbereitung eines Rahmenübereinkommens über Klimaänderungen in Gang zu setzen
1992	**Umweltgipfel von Rio de Janeiro:** Verabschiedung der Klimarahmenkonvention Agenda 21 (tritt im März 1994 in Kraft), mit der zum ersten Mal ein internationaler Vertrag zum Klimaschutz geschlossen wird
1995	**1. Klimakonferenz (COP1)** in Berlin: Verabschiedung des „Berliner Mandats": Basis für die Aushandlung eines Protokolls zur Verringerung der Emission von Treibhausgasen
1996	**2. Klimakonferenz (COP2)** in Genf: ergebnislos
1997	**3. Klimakonferenz (COP3)** in Kyoto: Verabschiedung des „Kyoto-Protokolls", mit dem erstmals verbindliche Ziele für Emissionshöchstmengen der Industrieländer festgelegt werden
1998	**4. Klimakonferenz (COP4)** in Buenos Aires: Erstellung eines Arbeitsplans zur Umsetzung des Kyoto-Protokolls
1999	**5. Klimakonferenz (COP5)** in Bonn: ergebnislos
2000	**6. Klimakonferenz (COP6)** in Den Haag: vorläufiger Abbruch
2001	**Fortsetzung der 6. Klimakonferenz (COP 6)** in Bonn: Einigung über die Ausgestaltung des Kyoto-Protokolls gelingt
2001	**7. Klimakonferenz (COP7)** in Marrakesch: Weiterarbeit an der Umsetzung des Kyoto-Protokolls
2002	**8. Klimakonferenz (COP8)** in Neu-Delhi: ergebnislos
2003	**9. Klimakonferenz (COP9)** in Mailand: Verabschiedung neuer Leitlinien für die Berichterstattung über Emissionen und Vereinbarung von Aufforstungsprojekten
2004	**10. Klimakonferenz (COP10)** in Buenos Aires: Beratung über weitere Maßnahmen zur Verminderung der Emission von Treibhausgasen

2005	**UN-Klimakonferenz (Weltklimakonferenz, COP11/COP/MOP-1)** in Montreal: Kyoto-Protokoll soll über 2012 hinaus verlängert werden; neue Grenzwerte für die Emission von Treibhausgasen; erstmals akzeptieren die USA die Ergebnisse der Konferenz, ratifizieren aber das Kyoto-Protokoll nicht
2006	**UN-Klimakonferenz (Weltklimakonferenz, COP12/COP/MOP-2)** in Nairobi: Diskussion über Umweltschutzregime infolge der Kyoto-Verlängerung und Einrichtung von Fonds zur Unterstützung vor allem der afrikanischen Länder
2007	**UN-Klimakonferenz (Weltklimakonferenz, COP13/COP/MOP-3)** auf Bali: 2009 soll ein neues Abkommen geschlossen werden
2008	**UN-Klimakonferenz (Weltklimakonferenz, COP14)** in Posen: ergebnislos
2009	**UN-Klimakonferenz (Weltklimakonferenz, COP15)** in Kopenhagen: rechtlich unverbindliche „Kopenhagener Erklärung“
2010	**UN-Klimakonferenz (Weltklimakonferenz, COP16)** in Cancun: Versuch, ein verbindliches Nachfolgeabkommen für das Kyoto-Protokoll zu etablieren
2011	**UN-Klimakonferenz (Weltklimakonferenz, COP 17)** in Durban: Verlängerung des Kyoto-Protokolls mit einer zweiten Verpflichtungsperiode ab 2013; Erarbeitung der Grundlagen für einen Klimavertrag bis 2015 (Inkrafttreten ab 2020); Beschluss zur Einrichtung des „Green Climate Funds“ (GCF) ab 2020
2012	**UN-Klimakonferenz (Weltklimakonferenz, COP 18)** in Doha: Verlängerung des Kyoto-Protokolls bis 2020
2013	**UN-Klimakonferenz (Weltklimakonferenz, COP 19)** in Warschau: Fahrplan zur UN-Klimakonferenz 2015 festgelegt
2014	**UN-Klimakonferenz (Weltklimakonferenz, COP 20)** in Lima: zehntes Treffen zum Kyoto-Protokoll
gepl. 2015	**UN-Klimakonferenz (Weltklimakonferenz, COP 20)** in Paris: vorr. Vereinbarung einer neuen Klimaschutzvereinbarung = Ablösung des Kyoto-Protokolls

Der lange Weg zum Klimaschutz

Indikatoren des Klimawandels

Dass es sich beim Klimawandel um kein vernachlässigbares Phänomen handelt, lässt sich an verschiedenen Indikatoren festmachen. So steigen die **Konzentrationen von CO_2, Methan (CH_4) und Ozon (O_3)** in der Erdatmosphäre seit der Industrialisierung beständig an. Dies geht einher mit einem **weltweiten Temperaturanstieg** von etwa 0,5 °C im Verlauf des 20. Jahrhunderts, wobei die Zahl der **schweren Unwetter** insbesondere in den gemäßigten Breiten und die Zahl der **Dürreperioden** in Teilen Afrikas und Asiens gestiegen sind. Im 20. Jahrhundert fand ein **Anstieg** des mittleren globalen **Meeresspiegels** um etwa 1 bis 2 mm pro Jahr statt, während die jährliche Dauer der Eisdecke auf Flüssen und Seen in mittleren und hohen Breitengraden der Nordhalbkugel um ca. 2 Wochen abnahm. Zugleich gingen in den letzten Jahrzehnten außerdem Ausdehnung und Dicke des arktischen Eises am Ende des Sommers um 40 % zurück. Dies korrespondiert mit dem **Abschmelzen** der nicht-polaren Gletscher, der Abnahme der schneebedeckten Fläche der Erde um 10 % seit Beginn der Satellitenbeobachtung und dem teilweisen Auftauen, Erwärmen und Abbauen des Dauerfrostbodens in den polaren, subpolaren und bergigen Regionen. Die Wachstumsperiode hat sich während der letzten 40 Jahre auf der nördlichen Halbkugel um ca. 1 bis 4 Tage pro Jahrzehnt verlängert, wodurch sich Pflanzen- und Tierarten weiter nach Norden ausbreiten konnten. Zugleich bleichen die Korallenriffe aus.

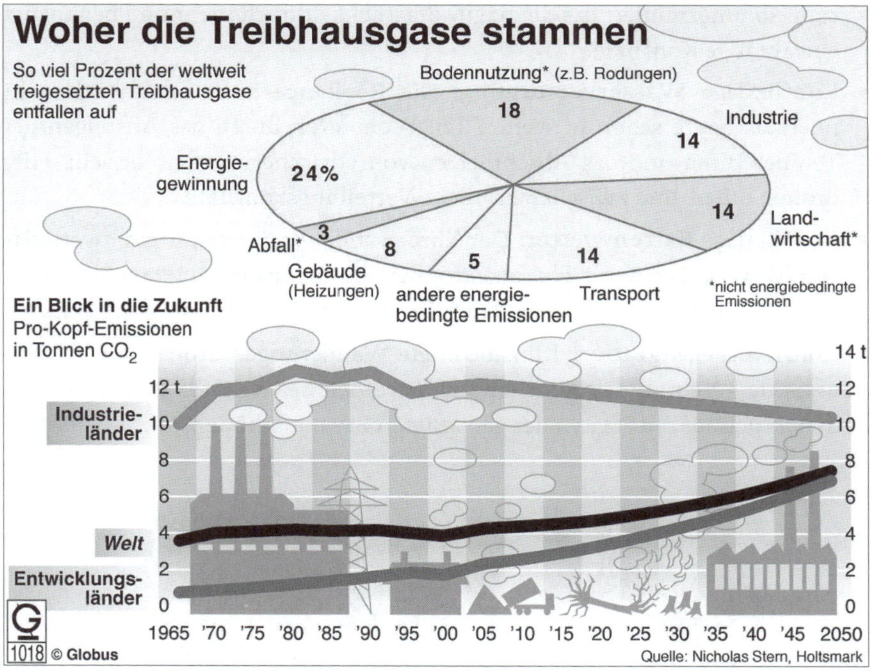

Woher die Treibhausgase stammen

Konsequenzen des Klimawandels für den Menschen

Der Klimawandel ist **mehr als nur ein Umweltproblem**. Er ist verbunden mit weitreichenden Konsequenzen für das internationale System, weil er Wirtschaft und Gesellschaft von Staaten in je eigener Weise beeinflusst und an Staatsgrenzen nicht haltmacht. Besonders gefährdet ist Afrika, weil hier mehrere **Risikofaktoren** zusammenkommen: So liegen z. B. in Ägypten die landwirtschaftlichen Nutzflächen im Niltal. Sollte es zu einer nur geringen Erhöhung des Meeresspiegels um einen halben Meter kommen, würde das Nildelta überschwemmt und versalzen, was unmittelbar den Lebensraum von 7 Mio. Menschen beträfe. Südlich der Sahara und in der Sahelzone ist die Bevölkerung, die zu großen Teilen von Subsistenzwirtschaft im Acker- und Regenfeldbau lebt, besonders abhängig vom Klima und stark betroffen von Extremwettersituationen. Auch hier bilden Bevölkerungswachstum, schwache Staatlichkeit, Flüchtlingsströme und ethnische Konflikte eine extrem gefährliche Gemengelage. Insgesamt kann man **vier klimabedingte Konfliktlagen** identifizieren, die miteinander zusammenhängen:

- Konfliktlage **Ernährung:** Kommt es klimabedingt zu anhaltender Nahrungsmittelknappheit bei gleichzeitig anhaltendem Bevölkerungswachstum, so unterminiert das die fragile Staatlichkeit noch mehr und begünstigt gewalttätige Konflikte.
- Konfliktlage **Wasserversorgung:** Die Ressource Süßwasser wird mehr noch als heute schon in weiten Teilen der Welt durch das Ansteigen der Temperaturen und das Abschmelzen von Gletschern gefährdet sein. Hier drohen inner- und zwischenstaatliche Verteilungskonflikte.
- Konfliktlage **Extremwetter:** Der Klimawandel begünstigt Extremwetterlagen. Wirbelstürme und Flutkatastrophen drohen insbesondere in den Staaten der Tropen und gefährden mittelbar die Stabilität der Gesellschaften.
- Konfliktlage **Migration:** Klimabedingte Wanderungen drohen ganze Regionen der Welt zu destabilisieren und werden bei weiterer Zunahme auch den Druck auf die Staaten der gemäßigten Breiten erhöhen.

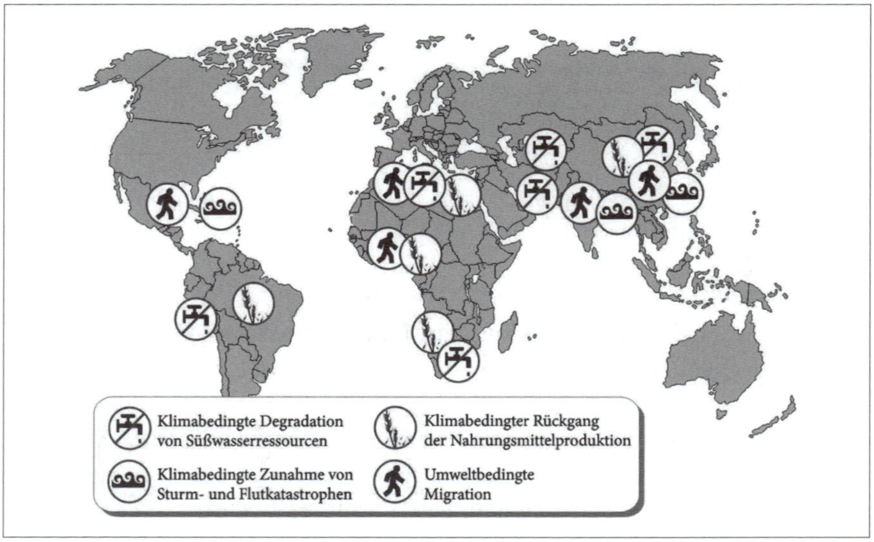

Durch Klimawandel bedingte Konfliktkonstellationen in ausgewählten Brennpunkten

Die Beschreibung der klimabedingten Konfliktlagen macht deutlich, dass vor allem, aber nicht nur, die besonders gefährdeten Entwicklungsländer unter den Folgen des Klimawandels zu leiden haben werden.

Damit ist der **Klimaschutz zugleich im Kontext der Entwicklungszusammenarbeit angesiedelt**. Alle Maßnahmen, die ergriffen werden, müssen sowohl die besondere Verwundbarkeit der Entwicklungsländer berücksichtigen als auch deren Anpassungsfähigkeit an die veränderten Bedingungen erhöhen.

Weil jeder Staat der Welt prinzipiell vom Klimawandel und seinen Folgen betroffen ist, kann die Klimapolitik nur in Form einer **globalen Agenda** betrieben werden. Die folgende vereinfachte und schematische Darstellung verdeutlicht den anthropogenen Klimawandel. Die blauen Pfeile zeigen den Kreislauf von Ursache und Wirkung zwischen den vier Quadranten. Der graue Pfeil gibt die gesellschaftliche Antwort auf die Auswirkungen der Klimaänderungen an.

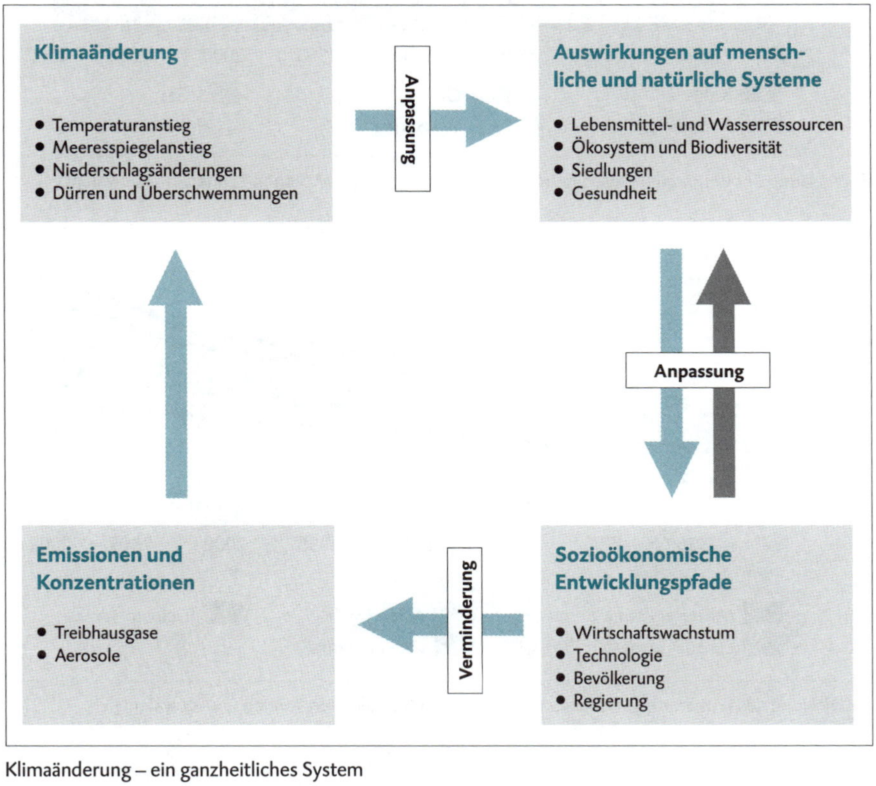

Klimaänderung – ein ganzheitliches System

5.2 Energieversorgung

Eng mit Klima- und Umweltschutz hängt die Frage einer **nachhaltigen Energiepolitik** zusammen. Die bislang verwendeten, besonders kohlenstoffintensiven fossilen Brennstoffe, auf denen zurzeit noch ca. 80 % des Weltenergieverbrauchs basieren, sind nur in begrenztem Maß vorhanden und werden sich mit ihrer Abnahme zugleich stark verteuern. Zeitgleich steigt jedoch mit der Weltbevölkerung und dem Industrialisierungsgrad der Energiehunger.

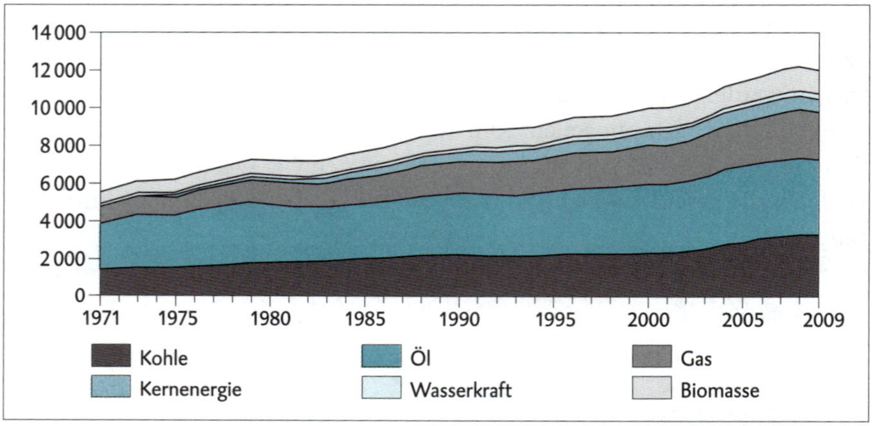

Entwicklung des Primärenergieverbrauchs nach Energieträger (in Millionen Tonnen Öl-Äquivalent)

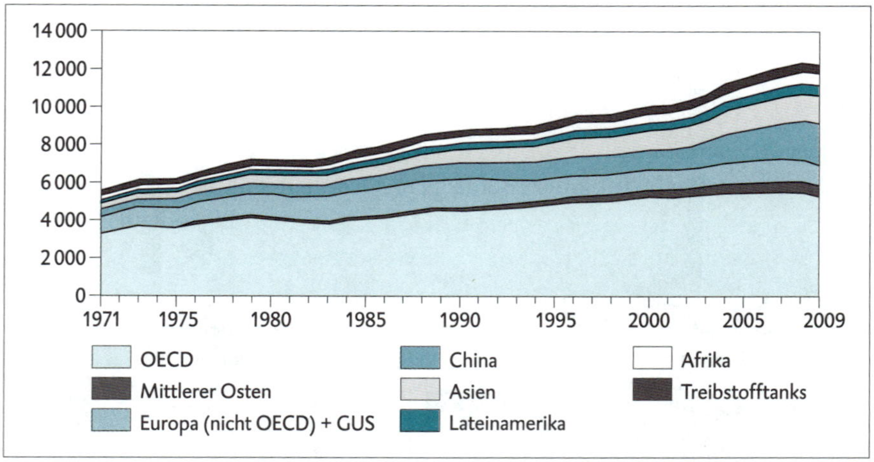

Entwicklung des Primärenergieverbrauchs nach Region (in Millionen Tonnen Öl-Äquivalent)

Bis zu ihrer Ersetzung durch alternative Energieformen versuchen die Industriestaaten, sich hinreichend mit fossilen Energieträgern auszustatten bzw. den Zugang dazu zu erleichtern, z. B. Deutschland über Pipeline-Projekte wie die **Ostsee-Pipeline**. Ob damit eine stärkere politische Abhängigkeit von Russland einhergeht, wird nicht erst seit der Ukrainekrise diskutiert.

Die Nord-Stream-Pipeline transportiert seit Ende 2011 russisches Erdgas durch die Ostsee nach Deutschland. Dadurch will sich Deutschland einen unmittelbaren Zugang sichern, um nicht mehr auf Transitländer angewiesen zu sein. Die **Versorgungssicherheit Deutschlands** und Westeuropas ist bei einer Blockade von Pipelines gefährdet. Der seit 2005 immer wieder eskalierende Gasstreit zwischen Russland und der Ukraine (zuletzt wurden 2015 von Russland die Gaslieferungen an die Ukraine gestoppt) zeigt deutlich, dass Energieleitungen zum Mittel der politischen Auseinandersetzung werden können, z. B. um exklusive Lieferbedingungen auszuhandeln. Allerdings macht sich Deutschland durch die Nord-Stream-Pipeline umso mehr **abhängig von seinem Hauptlieferanten Russland**. Daraus erwachsen neue politische Risiken. Auch sind die EU-Partner Deutschlands, die Ostseeanrainer sind, wenig begeistert vom Einvernehmen Deutschlands und Russlands. Sogar der Hitler-Stalin-Pakt wurde im Zusammenhang mit dem Vertragsabschluss von Polen polemisch ins Feld geführt.

Energiepolitik ist also ein wesentlicher Aspekt der nationalen und internationalen Politik. So versucht China seine Energieversorgung z. B. nicht nur über den Bau von Staudämmen („Dreischluchtenstaudamm“) zu sichern, sondern auch durch seine Militärpräsenz im Südchinesischen Meer. Hier baut China auf bisher unbewohnten und auch von anderen Anrainern beanspruchten Inseln Militärbasen, um vollendete Tatsachen zu schaffen und die Handelswege zwischen dem Westpazifik und dem Indischen Ozean sowie die dort vermuteten Öl- und Gasreserven unter seine Kontrolle zu bringen.

Wie auf anderen Politikfeldern der internationalen Beziehungen auch sind die **Karten in der Energiepolitik ungleich verteilt**. Während die industrialisierten Staaten die Hauptenergieverbraucher sind – ein Sechstel der Weltbevölkerung verbraucht die Hälfte der Weltenergie – und sich eine Verteuerung der Energie eher leisten können, ist das für die Entwicklungsländer schwer möglich. Die Schere zwischen Arm und Reich geht damit auch auf dem Energiesektor weiter auseinander. Dies gilt umso mehr, als **in Zukunft** die **Entwicklungs- und Schwellenländer** für ihre wirtschaftliche Entwicklung und wegen ihres hohen Bevölkerungswachstums einen **größeren Anteil am Weltenergieverbrauch** benötigen werden.

6 Lösungsstrategien der internationalen Beziehungen

6.1 Global governance

Der seit Mitte der 1990er-Jahre verwendete Begriff „global governance“ bezeichnet **Entscheidungsprozesse**, die im internationalen System das Regieren jenseits des Nationalstaates ermöglichen sollen. Es geht dabei um die politische Steuerung der Globalisierung, indem ein grenzüberschreitendes Regelsystem und Institutionengefüge etabliert wird, das es erlaubt, auf globale Herausforderungen kontinuierlich und nachhaltig zu reagieren. Es geht um Regelung, nicht um Weltregierung, sodass staatliche wie nichtstaatliche Akteure gleichermaßen in einem Mehrebenensystem beteiligt sein können und sind. Man spricht bei dieser Form von Zusammenarbeit von „public-private-partnership“ (ppp). Staaten sind und bleiben dabei die Hauptakteure der internationalen Beziehungen. Allerdings kommen sie nicht umhin, auf Souveränitätsrechte zu verzichten und eine internationale Rechtsordnung zu schaffen. Ein Instrument zur Fortentwicklung dieses Rechtssystems und zur internationalen Koordinierung sind dabei Weltkonferenzen und Gipfeltreffen staatlicher und nichtstaatlicher Akteure (z. B. Klimagipfel, Weltsozialforum).

6.2 Good governance

Good governance meint mehr als global governance, weil es dabei um die Frage der **Gerechtigkeit** im Weltmaßstab angesichts der Knappheit von Ressourcen und der damit einhergehenden Verteilungskonflikte geht. Das schließt Fragen nach einer gerechten Entwicklung, nach Chancengleichheit beim Zugang zur Weltwirtschaft, nach Verteilungsgerechtigkeit hinsichtlich des globalen Wohlstands und Wirtschaftswachstums sowie nach Mitbestimmung im globalen Maßstab mit ein. Auch hierzu gibt es unterschiedliche Ansätze:

Bezugsgröße	Ausformung globaler Gerechtigkeit
Staat	Ausgangspunkt: Ressourcenverteilung nur innerhalb eines Staates; globale Gerechtigkeit: Einhalten von Normen (z. B. Vertragstreue, keine wirtschaftliche Erpressung) zwischen Staaten
Weltgesellschaft	Ausgangspunkt: Ressourcenverteilung innerhalb der Weltgesellschaft; globale Gerechtigkeit: Etablierung internationaler bzw. transnationaler Verteilungsnormen (vgl. z. B. Bundesrepublik: Länderfinanzausgleich)

Ebenen von good governance

Good governance gilt als wesentliche Voraussetzung für menschliche und gesellschaftliche Entwicklung. Sie hat einen starken Bezug zu Menschenrechten und Demokratie sowie zu einer funktionsfähigen öffentlichen Verwaltung. Sie berücksichtigt neben Konfliktbewältigung und Korruptionsbekämpfung insbesondere die bei Entwicklungshilfeprojekten zentralen Prinzipien:

Prinzipien	Ausformung
Accountability	Schlüsselprinzip: Die Akteure übernehmen Verantwortung für ihr Tun. Nicht die Regierung allein, sondern jeder Betroffene muss eigenverantwortlich mit einbezogen werden. Damit empfinden die Beteiligten Erfolg und Misserfolg auch als ihre Verantwortung (Ownership). Zugleich müssen sie dafür ausgebildet werden (Empowerment), ihre Rechte und Pflichten überhaupt verantwortlich wahrnehmen zu können.
Transparency	Die Akteure legen ihr Tun offen und folgen dabei vereinbarten Regeln. Informationen sind frei zugänglich und verständlich für die Betroffenen.
Effectiveness and efficiency	Prozesse und Institutionen erzeugen Produkte, die den Bedürfnissen der Gesellschaft entsprechen, und das unter nachhaltiger Nutzung der Ressourcen und bei bestmöglichem Umweltschutz.
Participation	Die Akteure entwickeln gemeinsam Projekte der Entwicklungszusammenarbeit, um so Nachhaltigkeit und Legitimität zu steigern. Das geht einher mit Demokratisierung und der Stärkung der Zivilgesellschaft.
Rule of law	Dazu gehören Rechtsstaatlichkeit und Menschenrechtsschutz, aber auch unabhängige Gerichte und Polizeikräfte, die nicht korrupt sind.
Responsiveness	Alle Beteiligten haben zeitnah Nutzen von den Institutionen und Prozessen.
Consensus oriented	Die Projekte werden in Aushandlungsprozessen unter Beteiligung aller Betroffenen gemeinwohlorientiert und nachhaltig implementiert. Dabei werden die besonderen kulturellen, geschichtlichen und sozialen Kontexte berücksichtigt.
Equity and inclusiveness	Prinzipielle Gleichheit und Einbeziehung aller Mitglieder der Gesellschaft, v. a. der Schutzlosesten, in die Mitte der Gesellschaft.

Prinzipien von good governance im Rahmen von Entwicklungshilfeprojekten

Damit gesellschaftliche Entwicklung gelingen kann, braucht es auf nationaler und globaler Ebene Regelungsinstanzen, also Normen und Institutionen. Global governance ist damit die Voraussetzung für good governance. Beides ist nur erreichbar, wenn in den internationalen Beziehungen trotz oder gerade wegen der Eigeninteressen der Nationalstaaten **Kooperation und friedlicher Konfliktaustrag** Modi der Kommunikation und des Interessenausgleichs sind. Globale Herausforderungen machen nicht vor Grenzen halt und lassen sich nur global lösen. Die Möglichkeiten dazu sind vielfältig und werden auch genutzt: Regime und Institutionen, Netzwerke und global governance-Strukturen.

7 Globale Trends im 21. Jahrhundert

Die Weltfinanzkrise der Jahre 2008 und 2009 hat zu Beginn des 21. Jahrhunderts deutlich gemacht, dass die Welt nicht mehr ohne Formen **globaler Steuerung** auskommt. Dies gilt auch für die Klima- und Energiepolitik, für nachhaltige Entwicklung und Sicherheit. Der exklusive Club der reichsten Industriestaaten (G7: Deutschland, Frankreich, Großbritannien, Italien, Japan, Kanada, USA) reicht dazu nicht mehr aus. Zumindest die wichtigsten Schwellen- und Entwicklungsländer, wie z. B. Brasilien, China und Indien, werden miteinbezogen, wenn es um wichtige Regulierungen geht. Sie bilden zusammen mit den G7-Staaten die G20-Gruppe.

Diese **Verschiebung der Gewichte** im internationalen System kann man nicht nur an der Verlagerung des Schwerpunktes der US-Außenpolitik in den pazifischen Raum erkennen, sondern ebenso an der steigenden weltwirtschaftlichen Bedeutung Chinas, das z. B. größter Gläubiger der USA ist. Auch andere Staaten ziehen nach, sodass die E7-Staaten (Brasilien, China, Indien, Indonesien, Mexiko, Russland, Türkei) nach Wirtschaftsprognosen bis zur Jahrhundertmitte die G7-Staaten überflügelt haben werden.

Um mit den globalen Herausforderungen wie der Weltfinanzkrise und dem Klimawandel zurechtzukommen, wird **global governance** unabdingbar sein. Beide Krisenfelder tangieren zugleich Fragen von nachhaltiger Entwicklung und globaler Gerechtigkeit und damit auch von Menschenrechten und Sicherheit:

Auf dem Feld der **Energie- und Umweltpolitik** werden bestehende Regime ausgebaut und vertieft werden müssen, um den Klimawandel und seine Folgen für Weltwirtschaft und Gesellschaften möglichst wenig katastrophal ausfallen zu lassen. Dies verlangt auch eine Neudeutung der nationalen Interessen weg von einseitigem Wirtschaftswachstum. In diesem Kontext muss darüber hinaus die Umstellung der Energieversorgung auf regenerative und alternative Formen stattfinden.

Auf dem Gebiet der **Weltfinanzordnung** sind die Jahre der Deregulierung vorbei. Je deutlicher zu spüren ist, dass ungeregelte Finanzmärkte katastrophale Nebenwirkungen haben können, desto mehr wird die Staatengemeinschaft zu Steuerungsinstrumenten zurückkehren. Das Pendel von Freigabe und Reglementierung schlägt jetzt in die andere Richtung aus. Die Handlungsfähigkeit der Nationalstaaten auch auf anderen Politikfeldern steht hier auf dem Spiel.

Auf dem Feld der **Entwicklung** und der **Menschenrechte** fordern die Entwicklungsländer mit immer mehr Nachdruck ein menschenwürdiges Dasein

ein, das global nur möglich sein wird, wenn die Entwicklungsdisparitäten zwischen den Staaten kleiner werden. Die Industriestaaten werden hier ihre Versprechen einlösen müssen. Damit die Mittel aber nicht verschwendet werden, braucht es neue Strukturen von **good governance** und zwischenstaatlicher Koordinierung.

Auf dem Gebiet der **Sicherheitspolitik** werden Sicherheitsstrukturen nicht nur in Europa und zwischen den Großmächten nötig sein. Viele Probleme der schwachen Staaten und des internationalen Terrorismus lassen sich nur im Einklang mit Entwicklungszusammenarbeit und nachhaltiger Entwicklung lösen, damit „neue Kriege" und Flüchtlingsströme nicht Kennzeichen des 21. Jahrhunderts werden.

Alles in allem kann die Welt nur dann gerechter und friedlicher werden, wenn die Zusammenhänge zwischen diesen Feldern erkannt und vernetzt angegangen werden. Nur dann ist der Versuchung einer Renationalisierung zu entgehen. Die gegenwärtigen Krisen könnten sich damit als „Hebammen" der global governance entpuppen und u. a. die längst fällige UN-Reform anstoßen, mit der die Welt in eine neue Phase horizontaler Selbstkoordinierung eintritt.

Der G20-Gipfel im November 2014 im australischen Brisbane – die Gruppe der G20 ist ein Zeichen für die sich wandelnden globalen Machtverhältnisse und für die Notwendigkeit, Problemlösungen nicht mehr nur im Rahmen der G7 oder G8 zu suchen.

Abkürzungsverzeichnis

ABM: *Anti-ballistic Missile;* Abwehr ballistischer Raketen durch spezielle Flugabwehrraketen

AKP-Staaten: Gruppe von aktuell 79 afrikanischen, karibischen und pazifischen Staaten

AU: *African Union;* Afrikanische Union

BINGO: *Business International Non-Governmental Organisation;* Wirtschaftsorientierte nichtstaatliche Organisationen

BIP: Bruttoinlandsprodukt

BTWC: *Biological and Toxin Weapons Convention;* Biologie- und Toxinwaffenkonvention

CEFTA: *Central European Free Trade Agreement;* Mitteleuropäische Freihandelsabkommen

COP: *Conference of the Parties;* UN-Vertragsstaatenkonferenz

CWC: *Chemical Weapons Convention;* Chemiewaffenkonvention

EAG: Europäische Atomgemeinschaft

EAWG: Eurasische Wirtschaftsgemeinschaft

ECOSOC: *Economic and Social Council;* Wirtschafts- und Sozialrat

EEA: Einheitl. Europäische Akte

EFTA: *European Free Trade Association;* Europäische Freihandelsassoziation

EG: Europäische Gemeinschaft

EGKS: Europäische Gemeinschaft für Kohle und Stahl

EPZ: Europäische Politische Zusammenarbeit

ESVP: Europäische Sicherheits- und Verteidigungspolitik

EU: Europäische Union

EUFOR: *European Union Force;* befristete Militärverbände der EU

Euratom: Europäische Atomunion

EUSEC RD Congo: *European Union security sector reform mission in the Democratic Republic of the Congo;* EU-Beratungsmission im Rahmen der Reformen des kongolesischen Sicherheitssektors

EUTM: *EU Training Mission for Somalia;* EU-Mission zur Ausbildung somalischer Sicherheitskräfte

EWG: Europäische Wirtschaftsgemeinschaft

EWS: Europäisches Währungssystem

EWSA: Europäischer Wirtschafts- und Sozialausschuss

EZB: Europäische Zentralbank

GASP: Gemeinsame Außen- und Sicherheitspolitik

GATT: *General Agreement on Tariffs and Trade;* Allgemeines Zoll- und Handelsabkommen

GUS: Gemeinschaft Unabhängiger Staaten

HIPC: *Heavily Indebted Poor Countries;* Hochverschuldete Entwicklungsländer

ICBM: *Intercontinental Ballistic Missile;* Interkontinentalrakete

ICC: *International Criminal Court;* Internationaler Strafgerichtshof

IDA: *International Development Association;* Internationale Entwicklungsorganisation

IFC: *International Finance Corporation;* Internationale Finanzkorporation

IGH: Internationaler Gerichtshof

IGO: *Intergovernmental Organisation;* Zwischenstaatl. Organisation

INF: *Intermediate Range Nuclear Forces;* nukleare Mittelstreckensysteme

INGO: *International Nongovernmental Organization;* Internationale Nichtregierungsorganisation

ISAF: *International Security Assistance Force;* Internationale Sicherheitsunterstützungstruppe

IStGH: Internat. Strafgerichtshof

IWF: Internat. Währungsfonds

KFOR: *Kosovo Force;* Kosovo-Truppe

KSZE: Konferenz für Sicherheit und Zusammenarbeit in Europa

MDG: *Millennium Development Goals;* UN-Milleniumsziele

MOP: *Meeting of the Parties;* Treffen der Mitglieder des Kyoto-Protokolls im Rahmen der UN-Klimakonferenz

NAFTA: *North American Free Trade Agreement;* Nordamerikanisches Freihandelsabkommen

NATO: *North Atlantic Treaty Organization;* Organisation des Nordatlantikvertrags

NGO: *Non-Governmental Organization;* Nichtregierungsorganisation

NVA: Nationale Volksarmee

OAS: *Organization of American States;* Organisation Amerikanischer Staaten

OECD: *Organisation for Economic Co-operation and Development;* Organisation für wirtschaftliche Zusammenarbeit und Entwicklung

OEF: *Operation Enduring Freedom*

OSZE: Organisation für Sicherheit und Zusammenarbeit in Europa

PfP: *Partnership for Peace;* Partnerschaft für den Frieden

ppp: *public private partnership;* Öffentlich-Private Partnerschaft

SACEUR: *Supreme Allied Commander Europe;* militärstrategisch verantwortlicher Oberbefehlshaber der NATO für Operationen

SALT: *Strategic Arms Limitation Talks;* Gruppe von Verträgen zur atomaren Rüstungsbegrenzung

SEATO: *Southeast Asia Treaty Organisation;* regionale Sicherheitsorganisation in Südostasien

SORT: *Strategic Offensive Reductions Treaty;* Vertrag zur Reduzierung Strategischer Offensivwaffen

START: *Strategic Arms Reduction Treaty;* Vertrag zur Verringerung strategischer Waffen

StratAirMedEvac: *Strategic Aero Medical Evacuation;* strategische Rückverlegung von verwundeten Soldaten ins Heimatland

TNC: *Transnational Corporation;* multinationales Unternehmen

UN/UNO: *United Nations (Organisation);* Vereinte Nationen

UNAMA: *United Nations Assistance Mission in Afghanistan;* Unterstützungsmission der Vereinten Nationen in Afghanistan

UNAMID: *United Nations –African Union Mission in Darfur;* Mission der Vereinten Nationen und der Afrikanischen Union in Darfur

UNCTAD: *United Nations Conference on Trade and Development;* Welthandels- und Entwicklungskonferenz

UNESCO: *United Nations Educational, Scientific and Cultural Organization;* Organisation der Vereinten Nationen für Erziehung, Wissenschaft und Kultur

UNHCHR: *United Nations High Commissioner for Human Rights;* Hoher Kommissar der Vereinten Nationen für Menschenrechte

UNHCR: *United Nations High Commissioner for Refugees;* Hoher Flüchtlingskommissar der Vereinten Nationen

UNICEF: *United Nations International Children's Emergency Fund;* Kinderhilfswerk der Vereinten Nationen

UNIDO: *United Nations Industrial Development Organization;* Organisation der Vereinten Nationen für industrielle Entwicklung

UNIFIL: *United Nations Interim Force in Lebanon;* Interimstruppe der Vereinten Nationen in Libanon

UNMIS: *United Nations Mission in Sudan;* Mission der Vereinten Nationen im Sudan

WHO: *World Health Organization;* Weltgesundheitsorganisation

WTO: *World Trade Organization;* Welthandelsorganisation

WWU: Wirtschafts- und Währungsunion

Literatur

Baylis, J./Smith, S./Owens, P.: The Globalization of World Politics. An Introduction to International Relations. Oxford [4]2008

Bernauer, T. u. a.: Einführung in die Politikwissenschaft. Baden-Baden 2009

Bierling, S.: Die Außenpolitik der Bundesrepublik Deutschland. Normen, Akteure, Entscheidungen. München [2]2005

Bredow, W. v.: Die Außenpolitik der Bundesrepublik Deutschland. Eine Einführung. Wiesbaden [2]2008

Debiel, T. u. a. (Hrsg.): Globale Trends 2010. Frieden – Entwicklung – Umwelt. Frankfurt am Main 2010

Ferdowsi, M. (Hrsg.): Internationale Politik im 21. Jahrhundert. München 2002

Goldstein, J./Pevehouse J.: International Relations. 2006–2007 Edition. New York u. a. 2007

Hartmann, J.: Internationale Beziehungen. Wiesbaden [2]2009

Hauchler, I./Messner, D./Nuscheler, F. (Hrsg.): Globale Trends 2004/2005. Fakten – Analysen – Prognosen. Frankfurt am Main 2003

Herren, M.: Internationale Organisationen und globale Ordnung. Darmstadt 2009

Ihne, H./Wilhelm, J. (Hrsg.): Einführung in die Entwicklungspolitik. Berlin [3]2013

Lemke, C.: Internationale Beziehungen. Grundkonzepte, Theorien und Problemfelder. München [3]2012

Mingst, K.: Essentials of International Relations. New York, London [4]2008

Opitz, P. (Hrsg.): Weltprobleme im 21. Jahrhundert. München 2001

Rittberger, V./Zangl, B.: Internationale Organisationen. Wiesbaden [3]2003

Schieder, S./Spindler, M. (Hrsg.): Theorien der Internationalen Beziehungen. Stuttgart [3]2010

Schimmelfennig, F.: Internationale Politik. Paderborn u. a. [2]2010

Schmidt, S./Hellmann, G./Wolf, R. (Hrsg.): Handbuch zur deutschen Außenpolitik. Wiesbaden 2007

Schöllgen, G.: Die Außenpolitik der Bundesrepublik Deutschland. München [3]2004

Varwick, J.: Die neue NATO. München 2008

Wolf, K. D.: Die UNO. Geschichte, Aufgaben, Perspektiven. München [2]2010

Woyke, W. (Hrsg.): Handwörterbuch Internationale Politik. Opladen, Farmington Hills [11]2008

Stichwortverzeichnis

Quellennachweis

Umschlagbild: picture-alliance/dpa

S. 1 picture-alliance/dpa-Grafik
S. 9 Tabelle: Frank Schimmelfennig: Internationale Politik. Verlag Schöningh, Paderborn, 3., aktualisierte Auflage 2013, UTB 3107
S. 12 Bild: Wholetone, http://commons.wikimedia.org/wiki/File:United-nations-peace-sculpture.jpg, lizensiert unter der Creative Commons Attribution 3.0 Unported license.
S. 13 Tabelle: Frank Schimmelfennig: Internationale Politik. Verlag Schöningh, Paderborn, 3., aktualisierte Auflage 2013, UTB 3107
S. 14 Tabellen: Frank Schimmelfennig: Internationale Politik. Verlag Schöningh, Paderborn, 3., aktualisierte Auflage 2013, UTB 3107
S. 20 Tabellen: Frank Schimmelfennig: Internationale Politik. Verlag Schöningh, Paderborn, 3., aktualisierte Auflage 2013, UTB 3107; Abbildung: Cornelia Ulbert, in: Schieder, Siegfried/Spindler, Manuela (Hrsg.): Theorien der Internationalen Beziehungen. Leske + Budrich. Opladen 2003. S. 403
S. 22 picture-alliance /JOKER
S. 38 Tabelle: Lemke, Christiane: Internationale Beziehungen. Grundkonzepte, Theorien und Problemfelder. Oldenbourg. München ^{2}2008. S. 104 f.
S. 40 nach Mertins, G.: Regionale Bevölkerungsentwicklung in Spanien seit 1950. In: GR 38/86, H. 1, S. 45 ff.
S. 47 ullstein bild – Granger Collection
S. 59 Tabelle: Frank Schimmelfennig: Internationale Politik. Verlag Schöningh, Paderborn, 3., aktualisierte Auflage 2013, UTB 3107
S. 67 Bilder: © European Union 2014 (links, Mitte); Mateusz Włodarczyk, lizensiert unter cc-by-sa-4.0. URL: http://commons.wikimedia.org/wiki/File:2014_-_Donald _Tusk_%2813%29.jpg?uselang=de (rechts)
S. 69 Bild: www.flickr.com/photos/maveric2003/ – Eric Chan, lizensiert unter Creative Commons-Lizenz Namensnennung 2.0 US-amerikanisch (nicht portiert)
S. 75 Tabelle: Frank Schimmelfennig: Internationale Politik. Verlag Schöningh, Paderborn, 3., aktualisierte Auflage 2013, UTB 3107
S. 79 f. Aufzählung: Siedschlag, Alexander/Opitz, Anja/Troy, Jodok/Kuprian, Anita: Grundelemente der internationalen Politik. Böhlau. Wien, Köln, Weimar 2007. S. 98 f.
S. 80 Bilder: Guillaume Paumier, http://de.wikipedia.org/w/index.php?title=Datei: Anti-EPR_demonstration_in_Toulouse_0179_2007-03-17.jpg&filetimestamp=20070317184329, lizensiert unter der Creative Commons-Lizenz Namensnennung-Weitergabe unter gleichen Bedingungen 2.5 US-amerikanisch (nicht portiert) (links); DRK (rechts).
S. 84 Tabelle: Bernauer, Thomas/Jahn, Detlef/Kuhn, Patrick/Walter, Stefanie: Einführung in die Politikwissenschaft. Nomos. Baden-Baden 2009. S. 463
S. 92 Bild: Siedschlag, Alexander/Opitz, Anja/Troy, Jodok/Kuprian, Anita: Grundelemente der internationalen Politik. Böhlau. Wien, Köln, Weimar 2007. S. 61
S. 95 Dieter Senghaas: Zum irdischen Frieden. Suhrkamp Verlag. Frankfurt 2004, S. 39
S. 99 picture-alliance/dpa-Grafik
S. 115 picture-alliance/Globus Infografik
S. 123 picture alliance/dpa

Abi in der Tasche – und dann?

In den **STARK** Ratgebern findest du alle Informationen für einen erfolgreichen Start in die berufliche Zukunft.

Alle Titel zu Beruf & Karriere www.berufundkarriere.de

Bestellungen bitte direkt an

STARK Verlagsgesellschaft mbH & Co. KG · Postfach 1852 · 85318 Freising
Tel. 0180 3 179000* · Fax 0180 3 179001* · www.stark-verlag.de · info@stark-verlag.de

Lernen • Wissen • Zukunft
STARK

*9 Cent pro Min. aus dem deutschen Festnetz, Mobilfunk bis 42 Cent pro Min. Aus dem Mobilfunknetz wählen Sie die Festnetznummer: **08167 9573-0**

25-V_TRAbi